JN061278

未来を創る教師に贈る

育て、育つための
教師論

成瀬 雅巳
Masami Naruse

学術研究出版

はじめに

　本書は、教師を志している方々には教師の仕事とその魅力を伝えたい、すでに青年教師として活躍されている方々には教育実践に活かしてほしいという思いで執筆した。

　本書の特徴は、筆者が長年学校現場で教育課題に取り組んできた経験を踏まえ、教育研究者としての理論的な側面と教師・学校心理士・上級カウンセラーとしての実践的な側面を融合して教師論を展開していることである。

　少子高齢化・グローバル化・高度情報化など社会環境の急激な変化の中、学校では複雑化・困難化した多様な教育課題を抱えている。さらに、新型コロナウイルス感染症拡大は、これまでの日常生活や経済活動だけでなく、教育環境や教育活動にも大きな影響を及ぼしている。

　このように将来の変化を予測することが困難な時代に、子どもたちの生涯を生き抜く力を育成していくことは教師の重要な使命となっている。

　教師は子どもを育て成長させるとともに、教師自身も育ち成長する素晴らしい仕事である。子どもの喜びが教師自身の喜びとなり、子どもの幸せが教師自身の幸せとなる夢のある仕事である。

　教師を志す方々、青年教師の方々が、未来を担う子どもたちに夢と希望を与えられる教師になるために、少しでもお役に立てることを願って本書をお届けする。

成瀬　雅巳

目 次

Chapter 1　教師の使命

Chapter 2　教師の仕事

Chapter **3** 学級担任の魅力

Chapter 4　学習指導

Chapter **5** 生徒指導

Chapter 6 チームとしての学校

Chapter 7 学校保健安全

Chapter **8**　教師に関する法規

Chapter *1*

教師の使命

大学生263名に「これまで出会った学校（小学校・中学校・高等学校）のなかで、今も尊敬する先生はいますか」という質問をしたところ、90％以上の学生は「今もいる」と回答している。学生から尊敬されている先生は、学生の生き方、考え方、進路などにも様々な影響を与えてきた教師である。そして、日々子どもたちの成長のためにと、奮闘されてきた教師たちである。

　では、どうしたら尊敬される教師になれるのか。目指すべき教師とはどのような教師か。そもそも、何のために教師になるのか。本章では、これらの問いに向き合うことで、教師の使命について考えていく。

1. 教師の類語

　教師になって最初に言われる言葉は、先生である。新任教師として着任したときから、数えきれないほど先生と言われる。そして、子どもたちからだけでなく、同僚からも保護者からも地域の方々からも先生と呼ばれる。個人懇談会では、自分よりも年配で社会経験の豊富な保護者からも先生として相談されることで、職責の重さを改めて感じるものである。

　先生という言葉は、広辞苑第7版によると「①先に生まれた人。②学徳のすぐれた人。自分が師事する人。また、その人に対する敬称。③学校の教師。④医師・弁護士など、指導的立場にある人に対する敬称。⑤他人を、親しみまたはからって呼ぶ称」とある。

　次に、教師という言葉は「①学術・技芸を教授する人。②公認された資格をもって児童・生徒・学生を教育する人。教員。③宗教上の教化をつかさどる人」（広辞苑第7版）という意味がある。先生も教師も法律用語でもなければ、学校だけに使う言葉でもない。習い事の先生、病院の先生、家庭教師など広く使われているのである。

　一方、先生、教師以外には、教員免許状や教員採用試験などで使われ

ている教員というのがある。教員という言葉は「学校に勤務して教育を行う人。教師。教育職員」（広辞苑第7版）という意味がある。教師、学校の先生とほぼ同じ意味で使われるが、教員は先生や教師を法律用語に言い換えたものであり、学校で教育することを仕事としている職業上の身分を指す言葉である。

　教育職員免許法第2条第1項には「この法律において『教育職員』とは、学校の主幹教諭、指導教諭、教諭、助教諭、養護教諭、養護助教諭、栄養教諭、主幹保育教諭、指導保育教諭、保育教諭、助保育教諭及び講師（以下「教員」という。）をいう。）」とあり、教育職員の略称として使用している。

　それでは、教師と教員の違いは何であろうか。

　教師の「師」には「教え導くもの」という意味がある。また「人生の師と出会う」という使い方をするように、「師」には尊敬するという意味がある。本来、教師は児童・生徒を教え導く人であり、児童・生徒から尊敬され認められる存在である。

　教員の「員」には、組織に所属し、組織内で特定の役割を担う人という意味ある。そこで、教員は、学校組織を数で支える人、教えることを担当する人である。つまり、教員は学校教育制度の下で、法律で決められ人のことを指す。

　学校に採用されれば、誰でも教員になれる。学校に赴任すれば、誰でも先生と言われる。しかし、教師かどうかは子どもたちが決めるものである。子どもたちから「師」として仰がれる教師、尊敬される教師になることはそんなに簡単なことではない。だからこそ、子どもたちに「教師」として認められる先生を目指していきたいものである。

　本章では、文脈により教師の類語である教員、先生、教諭という言葉を使うこともあるが、できるだけ「児童・生徒を教育する人」は、教師という言葉で表現していく。

2．3つの教職観

(1) 聖職者論

　1872年（明治5年）「学制」が公布され、近代学校制度が発足した。学制序文（被仰出書）には、学制の教育理念を明示し、新しく全国に学校を設立する主旨、学校で学ぶ学問の意義を説いている。また、教員については、小学校の教員は男女の区別なく20歳以上で師範学校卒業免状または中学校卒業免状を得た者、中学校の教員は25歳以上で大学卒業免状を得た者、大学の教員は学士の称号を得た者と定めた。ただし、当時国家財政面でもこの規定には無理があり、規定どおりに実現できなかったが、教職が職業としての位置づけられることになった。

　1881年（明治14年）教職のあり方を初めて明示した「小学校教員心得」が定められた。そこでは、「教員の良否は国家の隆盛にとって非常に重要である」とし、教員は学問を教えるだけでなく日常の飲食起居にいたるまで教導すべきだと、生徒の模範となることを厳しく求めていた。

　1886年（明治19年）「師範学校令」を定めた初代文部大臣森有礼は、教員に「順良、信愛、威重」の気質を備えることを要請し、「教育の僧侶」「教育の奴隷」として教育に尽力しなければならないという教職観を示した。

　1890年（明治23年）には「教育勅語」が発布され、国家のために皇祖皇宗以来の徳目を臣民に伝えるという教師像が生まれ、営利のために働くのではなく、一途に教育という崇高な使命を果たすために献身的に働くという教職観である聖職者論という考え方が作られていった。

(2) 労働者論

　1945年（昭和20年）第二次世界大戦敗戦を経て、翌年には日本国憲法が公布された。この憲法は、教育についての条文を掲げ、教育改革の基礎が定められることとなる。また、1947年（昭和22年）には「教育基本法」が制定され、教育勅語は国会で失効についての決議がなされた。

　一方労働運動が合法化されると、教員たちは劣悪だった給与水準や勤務条件の改善、教育の民主化をもとめて、1947年（昭和22年）に日本教職員組合を結成した。そして、教員の労働者としての権利を主張し旧来の聖職者論からの脱却をめざして、1951年（昭和26年）前文と10項目からなる「教師の倫理綱領」を採択した。そこでは、「教師は労働者である」「教師は生活権を守る」「教師は団結する」ことなどが謳われている。そして、組合運動の中では賃金引上げなどの目的を掲げたストライキも行われた。このように教師を労働者と見る教職観が教師労働者論である。

　その後、給与水準や勤務条件は一定の改善を示し、教師の経済的地位は向上していく。しかし、1950年代以降第1次ベビーブームにより教師不足が深刻化するなかで、教師の大量採用時代を迎え、質の保障よりも量の確保が優先せれることになった。そこでは「教師でもなろうか」「教師しかなれない」いわゆる「デモシカ先生」という教師批判の言葉もうまれ、教員養成改革が論議されていくことになる。

(3)　専門職論

　1966年（昭和41年）1月「ILO（国際労働機関）・UNESCO（国際教育科学文化機関）合同専門家会議」で草案が作成され、同年10月ユネスコ主催の「教員の地位に関する特別政府間会議」において「教員の地位に関する勧告」が採択された。

　その中には「教育の仕事は専門職とみなされるべきである。この職業は厳しい、継続的な研究を経て獲得され、維持される専門的知識および特別な技術を教員に要求する公共的業務の一種である。また、責任をもたされた生徒の教育および福祉に対して、個人的および共同の責任感を要求するものである」「教員の給与と労働条件は、教員団体と教員の使用者の間の交渉過程を通じて決定されなければならない」とある。このように勧告では、聖職者論や労働者論の考え方も含まれていることに大き

な意義があるといえる。

　いずれにせよ、ILO とユネスコの勧告をきっかけとして、教師を専門職と見る教職観である教師専門職論が言われるようになった。

3. 教育委員会が求める教師像

　教員の任命権者である都道府県・指定都市教育委員会では、どのような教師像を求めているのであろうか。それは、教員採用選考試験の実施要項や各教育委員会のホームページなどから見ることができる。

　文部科学省 (2010)「平成 22 年度に実施された教員採用選考試験の募集要領等に記載された教育委員会が求める教員像」では、求める教員像を大きく 3 つに分類している。

　一つ目は「教科等に関する優れた専門性と指導力、広く豊かな教養など (66 自治体中 61 自治体)」である。そこから、教師は研究と修養に努めながら専門性を高め、幅広い教養を身に付け、実践的指導力を発揮することが求められているといえる。

　二つ目は「教育者としての使命感・責任感・情熱、子どもに対する深い愛情など (66 自治体中 50 自治体)」である。そこから、教師は子どもの成長にかかわることができるという仕事に誇りと責任をもち、一人ひとりの子どもに愛情を注ぎ、教師としての使命を果たすことが求められているといえる。

　三つめは「豊かな人間性や社会人として良識、保護者・地域から信頼など (66 自治体中 44 自治体)」である。そこから、教師は豊かな人間性やコミュニケーション能力を身につけ、保護者・地域との信頼関係を築き、連携して学校づくりを進めることが求められているといえる。

　実際に北海道教育委員会 (2020) が出した「北海道における『求める教員像』」においても上記の三点と共通しており、次のようにわかりやすい観点で整理されている。

①専門性：教育の専門家として、実践的指導力や専門性の向上に、主体的に取り組む教員

②素養：教育者として、強い使命感・倫理観と、子どもへの深い教育的愛情を、常に持ち続ける教員

③連携・協働：学校づくりを担う一員として、地域等とも連携・協働しながら、課題解決に取り組む教員

4. 文部科学省が求める教師の資質能力

　文部科学省が求める教師の資質能力について、中央教育審議会の答申からみる。中央教育審議会は、文部科学大臣の諮問機関で、大臣などの諮問に応じて調査・審議し、その結果を報告・意見という形で答申をする。文部科学省に置かれている多数の審議会のうち最高の位置を占め、最も基本的な重要事項を取り扱っている。

　2012年（平成24年）8月「教職生活の全体を通じた教員の資質能力の総合的な向上方策について（答申）」では、これからの教員に求められる資質能力を三つに整理している。

①教職に対する責任感、探究力、教職生活全体を通じて自主的に学び続ける力（使命感や責任感、教育的愛情）

②専門職としての高度な知識・技能

・教科や教職に関する高度な専門的知識（グローバル化、情報化、特別支援教育その他の新たな課題に対応できる知識・技能を含む）

・新たな学びを展開できる実践的指導力（基礎的・基本的な知識・技能の習得に加えて思考力・判断力・表現力等を育成するため、知識・技能を活用する学習活動や課題探究型の学習、協働的学びなどをデザインできる指導力）

・教科指導、生徒指導、学級経営等を的確に実践できる力

③総合的な人間力（豊かな人間性や社会性、コミュニケーション力、

同僚とチームで対応する力、地域や社会の多様な組織等と連携・協働できる力）

2015年（平成27年）12月「これからの学校教育を担う教員の資質能力の向上について～学び合い、高め合う教員育成コミュニティの構築に向けて～」では、これからの時代の教員に求められる資質能力として、三つあげている。

①これまで教員として不易とされてきた資質能力に加え、自律的に学ぶ姿勢を持ち、時代の変化や自らのキャリアステージに応じて求められる資質能力を生涯にわたって高めていくことのできる力や、情報を適切に収集し、選択し、活用する能力や知識を有機的に結びつけ構造化する力などが必要である。

②アクティブ・ラーニングの視点からの授業改善、道徳教育の充実、小学校における外国語教育の早期化・教科化、ICT の活用、発達障害を含む特別な支援を必要とする児童生徒等への対応などの新たな課題に対応できる力量を高めることが必要である。

③「チーム学校」の考えの下、多様な専門性を持つ人材と効果的に連携・分担し、組織的・協働的に諸課題の解決に取り組む力の醸成が必要である。

なお、①の不易とされてきた資質能力とは「使命感や責任感、教育的愛情、教科や教職に関する専門的知識、実践的指導力、総合的人間力、コミュニケーション能力等」である。

5. 社会が求める教師像

社会が求める教師像として、カンコーホームルームの調査をみる。図1-1 は、カンコーホームルームが20 ～ 60 代の社会人（1500 人）を対象に、2018 年（平成30 年）1 月にインターネットリサーチという方法で、これからの社会が求める教師像に行った調査である。

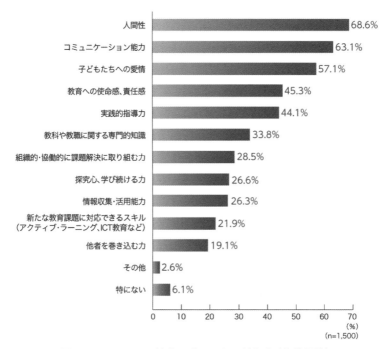

図1-1　これからの社会に求められる教師像（複数回答）

出典：カンコーホームルーム（2018）「社会が求める教師像」
https://kanko-gakuseifuku.co.jp/media/homeroom/vol146（2021年4月26日確認）

　その結果上位3つは、「人間性」「コミュニケーション能力」「子どもたちへの愛情」となっている。これらは、まさに不易とされてきた資質能力であり、教師は人として成長することこそ求められているといえる。

6. 大学生が求める理想の教師像

　教職科目を受講する大学1年生701名に、山根・古市・木多（2010）「理想の教師像にかかわる質問項目」を使って調査を行った。20の質問項目は次のとおりである。

　①わかりやすい授業をする先生

②教職員と協力することができる先生

③子どもとのコミュニケーションを上手にとることができる先生

④クラスをまとめることができる先生

⑤学校のきまりなどをきちんと守らせる先生

⑥魅力的な学級・学年・学校行事を計画することができる先生

⑦保護者と連携することができる先生

⑧教材や指導法の研究など自ら学ぶ意欲をもった先生

⑨子どもの日々の変化に気づくことができる先生

⑩礼儀正しい先生

⑪だれからでも学ぼうとする謙虚さをもつ先生

⑫子どもの人格を尊重する先生

⑬社会の変化にともなう教育課題に対応できる先生

⑭授業に全力で取り組む先生

⑮教職員と積極的に意見交換をする先生

⑯だれに対しても笑顔で明るくかかわる先生

⑰教育にかかわる信念を持っている先生

⑱子どもの成長に喜びを感じる先生

⑲地域と連携することができる先生

⑳豊かな教養を備えた先生

　これらの質問項目はすべて重要であるという前提で、あえて最も重要なもの（5点）を1項目、二番目に重要なもの（4点）を3項目、どちらでもないもの（3点）を12項目、あまり重要でないもの（2点）を3項目。最も重要でないもの（1点）を1項目選ぶというダイヤモンドランキングを行った。その結果、上位5つの項目は、次のようになった。

　　1位　子どもとのコミュニケーションを上手にとることができる先生

　　2位　子どもの日々の変化に気づくことができる先生

　　3位　子どもの人格を尊重する先生

　　4位　わかりやすい授業をする先生

　5位　子どもの成長に喜びを感じる先生

　この結果で注目すべきことは「子ども」と言葉がある項目がすべて選ばれたことである。また、「わかりやすい授業をする先生」も子どもにとってわかりやすい授業をする先生であり、大学生にとって理想の教師像は、子どもとの関係の中で捉えられていることがわかる。

　なお、大学生とあるが高校を卒業したばかりの大学生であることから、高校生が求める理想の教師像と考えることもできる。

7. 教師の使命

　「教育は人なり」「教育は教師次第である」という言葉があるように、教育の原点は教師である。いかに教育環境をよりよく整えたとしても、最後は教育を仕事とする教師に委ねられている。つまり、最大の教育環境は教師なのである。

　「どんな教師になりたいのか」「何のために教師になるのか（なったのか）」を振り返ることは極めて意義深いことである。なぜならその中に、教師の使命があるからだ。

　筆者は「子ども一人ひとりを徹底的に大切にし、想像力とやさしさをもって子どもたちに寄り添い、子どもの生命を最も尊重し、子どもを幸せにするのが教師の使命」であると考えている。

引用・参考文献

中央教育審議会　2012　「教職生活の全体を通じた教員の資質能力の総合的な向
　　上方策について（答申）」

https://www.mext.go.jp/component/b_menu/shingi/toushin/__icsFiles/
　　afieldfile/2012/08/30/1325094_1.pdf（2021年4月26日確認）

中央教育審議会　2015　「これからの学校教育を担う教員の資質能力の向上につ

いて～学び合い、高め合う教員育成コミュニティの構築に向けて～（答申）」
https://www.mext.go.jp/component/b_menu/shingi/toushin/__icsFiles/afieldfi
le/2016/01/13/1365896_01.pdf（2021年4月26日確認）

北海道教育委員会　2020　北海道における「求める教員像」
http://www.dokyoi.pref.hokkaido.lg.jp/hk/ksi/motomerukyouinzou.htm（2021年
4月26日確認）

松原　岳行　2019　教育観と教職観　赤星晋作編著　新教職概論　改訂新版
学文社　15-20

文部科学省　2010　都道府県・指定都市教育委員会が求める教員像
https://www.mext.go.jp/b_menu/shingi/chukyo/chukyo11/001/shiryo/__
icsFiles/afieldfile/2011/09/26/1309293_04.pdf（2021年4月26日確認）

山根文男・古市裕一・木多功彦　2010理想の教師像についての調査研究（1）―
大学生の考える理想の教師像―　岡山大学教育実践総合センター紀要、第10
巻（2010）、pp.63-70

Chapter 2

教師の仕事

教師の仕事の本分は、質の高い授業であり、個に応じた学習指導であることは言うまでもない。しかし、現実は教師の仕事はそれだけでとどまらず、思いのほか多様な仕事をしている。本章では、まず教師の仕事内容にはどのようなものがあるかをみる。そして、今学校現場での緊急の課題である教師の長時間勤務の実態に触れ、勤務時間の適正化について考える。

1. 教師の仕事内容

　教師の仕事内容をまとめると次のようになる。

(1)　児童生徒の指導にかかわる業務
　①　学習指導
　　　指導計画の作成：各教科、総合的な学習の時間、特別活動についての指導計画の作成。目標（子どもに身につけさせたい力）や評価の方法等の決定。

　　　教材研究・授業研究：各教科等について教科書や副教材の研究。授業の準備。

　　　授業：正規の授業時間に行われる教科、特別活動、総合的な学習の時間の授業。試験監督等。授業計画を踏まえながら、子どもたちにとってわかりやすい授業づくり。

　　　学習指導：正規の授業時間以外に行われる学習指導（補習指導、個別指導など）や質問への対応。

　　　試験：試験問題作成と採点。

　　　学習評価：試験、観察、レポート等、多様な方法による評価。

　②　学級経営
　　　朝の会やホームルームの実施。出欠確認。連絡帳の記入。学級通信の作成。掲示物作成。教室環境整理。

　③　生徒指導

　　集団：給食指導。清掃指導。登下校指導・安全指導。健康・保健指導（健康診断、身体測定、けが・病気の対応を含む）。生活指導。全校集会。避難訓練。

　　個別：個別の面談・教育相談。いじめ、不登校、自殺、暴力行為・非行行為、貧困・児童虐待、障害、外国人、LGBT 等、支援が必要な児童生徒・家庭への対応。

④　進路相談・キャリア教育

　　進路先の説明会等への参加。進路情報の収集・整理。保護者進路説明会の開催。進路相談。調査書・受験書類の作成・点検。合否確認。総合的な学習の時間や学校行事における職場体験・インターンシップ等の実施。

⑤　学校行事等の準備・運営、地域行事等への参画等

　　入学式・卒業式、始業式・終業式等の儀式的行事、文化祭等の文化的行事、体育祭等の健康安全・体育的行事、遠足（旅行）・集団宿泊的行事、勤労生産・奉仕的行事といった各行事の準備・運営。

⑥　児童会・生徒会指導

　　児童会・生徒会指導。委員会活動の指導。

⑦　部活動

　　授業に含まれない部活動の指導。試合等の引率。試合等の運営・役員・監督。

⑵　**学校の運営にかかわる業務**

①　学校経営

　　校務分掌にかかわる業務。初任者・教育実習生などの指導・面談。安全点検・校内巡視。校舎環境整理等。

②　会議・打合せ

　　職員会議。学年会。教科会。成績会議。いじめ防止委員会。校内委員会。その他教員同士の打合せ・情報交換。

③　事務・報告書作成

資料・文書（調査統計、校長・教育委員会等への報告書、学校運営にかかわる業務、予算・費用処理にかかわる書類等）の作成。自己目標設定。

④　校内研修

校内研修。研究会。授業見学。

(3)　**外部対応にかかわる業務**

①　保護者・PTA 対応

学級・学年懇談会。保護者会。保護者との面談や電話連絡。保護者応対。家庭訪問。PTA 関連活動。

②　地域対応

町内会・地域住民への対応・会議。地域安全活動（巡回・見回りなど）。地域への協力活動。

③　行政・関係団体対応

教育委員会関係者、保護者・地域住民以外の学校関係者、来校者（業者、校医など）の対応。

(4)　**校外**

①　校務としての研修

初任者研修、校務としての研修、出張をともなう研修等。

②　会議

校外での会議・打合せ、出張をともなう会議。

２．日本の教師の仕事の特徴

表2-1　諸外国における教員の役割

象限		I				II		IV	
業務 \ 国名		アメリカ	イギリス	中国	シンガポール	フランス	ドイツ	日本	韓国
児童生徒の指導に関わる業務	登下校の時間の指導・見守り	×	×	×	×	×	×	△	×
	欠席児童への連絡	×	×	○	○	×	○	○	○
	朝のホームルーム	×	○	○	×	×	×	○	○
	教材購入の発注・事務処理	×	×	△	×	×	×	△	○
	成績情報管理	○	×	△	○	○	○	○	○
	教材準備（印刷や物品の準備）	○	×	○	○	○	○	○	○
	課題のある児童生徒への個別指導、補習指導	○	×	○	○	○	○	○	○
	体験活動の運営・準備	○	×	○	○	○	○	○	○
	給食・昼食時間の食育	×	×	×	×	×	×	○	×
	休み時間の指導	○	×	○	△	○	○	○	○
	校内清掃指導	×	×	○	×	×	×	○	○
	運動会、文化祭など	○	○	○	○	○	×	○	○
	運動会、文化祭などの運営・準備	○	○	○	○	○	×	○	○
	進路指導・相談	△	○	○	○	○	○	○	○
	健康・保健指導	×	○	○	○	○	○	△	○
	問題行動を起こした児童生徒への指導	△	○	○	○	○	×	○	○
	カウンセリング、心理的なケア	×	×	○	○	○	○	△	×
	授業に含まれないクラブ活動・部活動の指導	△	×	○	○	△	×	○	△
	児童会・生徒会指導	○	○	○	×	×	×	○	○
	教室環境の整理、備品管理	○	×	△	○	○	○	○	○
学校の運営に関わる業務	校内巡視、安全点検	×	×	○	×	×	×	△	○
	国や地方自治体の調査・統計への回答	×	×	△	○	×	×	△	○
	文書の受付・保管	×	×	○	○	×	×	△	○
	予算案の作成・執行	×	×	×	○	×	×	×	○
	施設管理・点検・修繕	×	×	△	○	×	×	×	○
	学納金の徴収	×	×	△	○	×	×	△	○
	教師の出張に関する書類の作成	×	×	△	×	×	×	○	○
	学校広報（ウェブサイト等）	×	×	△	○	×	×	○	○
	児童生徒の転入・転出関係事務	×	×	△	×	×	×	×	○
外部対応に関わる業務	家庭訪問	×	×	△	×	×	×	○	○
	地域行事への協力	○	○	△	×	○	×	△	△
	地域のボランティアとの連絡調整	×	×	△	×	×	○	△	×
	地域住民が参加した運営組織の運営	△	×	△	×	×	△	△	×

※教員の「担当とされているもの」に○を、「部分的にあるいは一部の教員が担当する場合があるもの」に△を、「担当ではないもの」に×を付けている。三か国以上の国で△又は×が選択されている業務をグレー表示している。全部で40業務設けたが、「出欠確認」、「授業」、「教材研究」、「体験活動」、「試験問題の作成、採点、評価」、「試験監督」、「避難訓練、学校安全指導」「出欠確認」、「授業」等全ての国で「担当とされているもの」7項目は掲載していない。

出典：大杉昭英（2017）『学校組織全体の総合力を高める教職員配置とマネジメントに関する調査研究報告書』国立教育政策研究所 https://www.nier.go.jp/05_kenkyu_seika/pdf_seika/h28a/kyosyoku-1-8_a.pdf（2021年4月27日確認）

表2-1は、諸外国の教師の業務を比べたものである。日本の教師の仕事とどのような違いがあるのかをみていく。

　表2-1の欄外にもあるように、「出欠確認」「授業」「教材研究」「体験活動」「試験問題の作成、採点、評価」「試験監督」「避難訓練、学校安全指導」はすべての国で担当されている。それに加えて、日本の教師は業務内容の大部分を担当し、諸外国と比べてたくさんの業務を行っていることがわかる。例えば「学校の運営に関わる業務」や「外部対応に関わる業務」は、諸外国の教師はあまり担当していない。「児童生徒の指導に関わる業務」についても、日本では当たり前のように教師が担当している「登下校の時間の指導・見守り」「欠席児童への連絡」「朝のホームルーム」「給食・昼食時間の食育」「休み時間の指導」「校内清掃指導」「カウンセリング、心理的なケア」「授業に含まれないクラブ活動・部活動の指導」といった業務も、諸外国の教師はあまり担当していない。

　諸外国の教師の仕事の特徴を表したのが図2-1である。

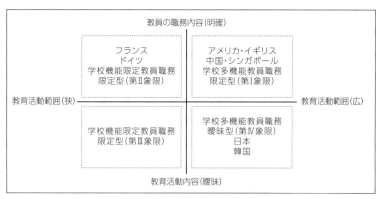

図2-1　諸外国の教職員等指導体制類型

出典：大杉昭英（2017）『学校組織全体の総合力を高める教職員配置とマネジメントに関する調査研究報告書』国立教育政策研究所
https://www.nier.go.jp/05_kenkyu_seika/pdf_seika/h28a/kyosyoku-1-8_a.pdf（2021年4月27日確認）

　図 2-1 をみると日本の教師は、教育活動範囲が広く教師の職務内容は曖昧である「学校多機能教員職務曖昧型」に属している。このように日本の教師は、無限定性、無境界性などと呼ばれ、際限ない仕事をしていることがわかる。

　一方、「学校機能限定教員職務限定型」のフランスにおいては、進路指導・相談は教師の担当ではなく、進路指導心理専門員（COP）が行っている。また、「学校多機能教員職務限定型」のイギリスでは、教材準備（印刷や物品の準備）は教師の担当ではなく、ティーチングアシスタント（Teaching Assistant）が行っている。さらに、教室内の掲示物や提出物の整理もティーチングアシスタント（Teaching assistant）の仕事である。

3. 教師の仕事時間の実態

　図 2-2 は TALIS 2018 の結果である。TALIS（Teaching and Learning International Survey：国際教員指導環境調査）とは、学校の学習環境と教員の勤務環境に焦点を当てた OECD の国際調査で、この調査では OECD 加盟国等 48 か国・地域が参加（初等教育は 15 か国・地域が参加）した。

　調査の結果をみると、日本の小中学校の教師は 1 週間あたりの仕事時間の合計、事務業務（教員として行う連絡事務、書類作成その他の事務業務を含む）、授業計画・準備が参加国中で最長となっている。また、中学校の教師の課外活動（スポーツ・文化活動）の指導時間が特に長い。それに対して、日本の小中学校の教師が職能開発活動に使った時間は、参加国中で最短である。

　このデータからも日本の教師が長時間の仕事を行い、多忙化している実態が浮かびあがってくる。そして、教師が時間的にも精神的にもゆとりのないことで、専門的な書物を読んだり、研究会に参加したりする機

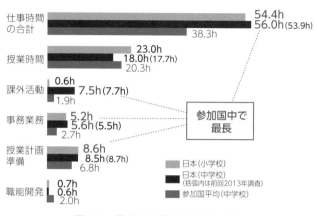

図2-2　我が国の教員の現状と課題

出典：文部科学省 (2019)「OECD 国際教員指導環境調査 (TALIS) 2018 調査結果 vol.1」https://www.mext.go.jp/component/b_menu/other/__icsFiles/afieldfile/2019/06/19/1418199_1.pdf（2021年4月27日確認）

会が奪われ、学び続けるために必要な職能開発活動の時間が取れないという実態が読み取れる。

4．勤務時間の適正化に向けた取組

　社会環境の急激な変化の中、学校ではいじめ等の問題行動、不登校、保護者への対応など、多様な教育課題が複雑化・困難化している。それらの様々な課題を解決し、児童生徒の生きる力を育み、教育活動をさらに充実させるためには、すべての教師がゆとりを持ち、心身ともに健康で、時間的・精神的に落ち着いた環境のもとで一人ひとりの児童生徒としっかり向かい合うことが重要である。そのため、各教育委員会・学校においては、充実した教育活動の実現に向け、職務の見直しや学校事務の軽減・効率化の取組を進めている。

　そこで筆者が小中学校の管理職をしているときの具体的な取組を紹介する。

①教職員定時退勤日（ノー残業デー）を週１回設定するとともに、その完全実施にむけ、保護者・地域住民にも周知し協力を得る。

②会議の効率化を図り、会議時間を縮減していくとともに、放課後に会議を設定しない「ノー会議デー」を週１回設定する。

③スポーツ障害の予防、トレーニング効果の向上の観点から、平日は最低週１日以上、土曜日・日曜日等の休業日は最低月２回以上、部活動を行わない「ノー部活デー」を徹底させる。

④教師が自身の勤務実態を把握するため「記録簿」を作り、それを活用して適正に週休日の振替や勤務時間の割振変更を実施する。

⑤先進校の事例を積極的に活用して、現任校の実態に応じた学校業務改善を具体的に推進する。

⑥地域の人的支援を活用して、登下校の見守り活動、学習支援や生活支援等を行ってもらう。

⑦教師の意識改革を行い、計画的に年次休暇を取得しやすい職場の雰囲気をつくる。

⑧学校として業務の改善に取り組む組織体制を確立する。

⑨学校業務改善の取組について PDCA サイクルで回し、評価・改善を十分に行って次年度へとつなげる。

　また、市の教育委員会は業務時間外の電話に対して、自動音声による案内を導入するなど、行政と一体となって学校業務改善を行った。

　以上の取組をとおして、確実に勤務時間が短縮し、働きやすい職場になったのは確かである。

　教師の勤務時間を適正化することで、精神的ゆとりを持って一人ひとりの児童生徒に寄り添うことができるようになる。また、教師のストレスの緩和にもつながり、より質の高い教育活動を展開することができる。学校では、すべての教師が心身ともに健康でワーク・ライフ・バランス（仕事と生活の調和）のとれた充実した生活が過ごせるように環境づくりを進めることが重要である。

引用・参考文献

中央教育審議会　2017　学校における働き方改革特別部会資料3

https://www.mext.go.jp/b_menu/shingi/chukyo/chukyo3/079/siryo/__
　icsFiles/afieldfile/2017/11/08/1397673_3.pdf（2021年4月27日確認）

文部科学省　2009　教員をめざそう！

https://www.mext.go.jp/a_menu/shotou/miryoku/__icsFiles/
　afieldfile/2009/09/03/1283833.pdf（2021年4月27日確認）

大杉 昭英　2017　学校組織全体の総合力を高める教職員配置とマネジメントに
　関する調査研究報告書　国立教育政策研究所

https://www.nier.go.jp/05_kenkyu_seika/pdf_seika/h28a/kyosyoku-1-8_a.pdf
　（2021年4月27日確認）

Chapter 3

学級担任の魅力

学級担任はたいへんやりがいのある魅力的な仕事である。本章では、学級とは何か、学級担任の仕事はどのようなものがあるか、より良い学級を作るにはどうすればよいかを考えながら、学級担任の魅力に迫る。

1. 学級

学級とは、教師（担任）と同年齢の児童生徒で組織された集団で、学習集団と生活集団の二つの側面を持つ。また、少なくとも1年間固定化された集団、人為的につくられた集団である。

2. 学級担任と学級

学級担任の指導や学級での営みは、児童生徒の人間形成に大きな影響を与えるにもかかわらず、児童生徒には、学級担任や所属する学級を自ら選択することはできない。学級の人数は原則的に40人以下である。世界の人口約78億人（2020年）の中で、同じ場所で同じ時間に一緒に学ぶ40人に出会う確率は、極めて少ない。学級は奇跡的、運命的な出会いにより構成されるものである。学級担任も学級の児童生徒もその出会いに感謝し、特別な1年になるように全員で力を合わせて学級づくりに取り組むことが大切である。

児童生徒は、「学級担任と良い関係を築きたい」「学級担任に認めてもらいたい」「愛されたい」と願っている。学級担任は、その思いをしっかりと受け止め、児童生徒一人ひとりを徹底的に大切にし、しっかりと向き合い、寄り添い、安心感の与える存在とならなければならない。

そのために学級担任は、学級が児童生徒一人ひとりの心の居場所となる学級経営、一人ひとりの確かな学力を伸ばす学級経営、一人ひとりの良さを引き出し、健全な発達を促す学級経営を行っていくことが必要である。

3. 学級担任の仕事

⑴　学級開き

　期待と不安を抱えた児童生徒と出会い、1年間の学級生活をスタートさせる大切な時間である。それまでに担任は学級経営方針を決め、一人ひとりの名前を覚えておくとよい。

⑵　学級目標づくり

　このような学級にしたいという児童生徒の願いを共有し、合意形成に至るまでの話し合いが重要となる。

⑶　学級組織づくり（班活動・当番活動・係活動）

　学級目標の達成に向けた手段であり、重要な機能である。一人ひとりが学級にとって必要となる役割を担う班活動・当番活動や係活動は、帰属意識や自己有用感を育む。教師は事前に人数や役割等を考えておく必要がある。

⑷　席替え

　学級全員が安心して毎日の学習や諸活動に取り組むことができるような座席を決める。一人ひとりの特性や人間関係など、たくさんの配慮をしなければならない。

⑸　給食指導

　給食の時間のルールを理解させ、当番の準備・配膳の方法、会食中のマナー等の指導を行う。学級全員が安全に楽しく会食できるように、食中毒・食物アレルギー・異物混入等、安全・衛生には特に注意する。

⑹　清掃指導

　役割分担や清掃のやり方を理解し、子ども同士協力して取り組めるよ

うに指導する。また、清掃活動を
とおして働くことの意義を体得
させる。

⑺　朝の会・帰りの会

　朝の会は、気持ちの良いあいさ
つからスタートする。1日を安心
して過ごすために、本日の流れを
言葉だけではなく、見える形で児
童生徒に伝える。また、一人ひとりの心や体調の状態を把握することも
必要である。

　帰りの会は、1日の振り返りを行う大切な時間となる。また、明日の時
間割、持ち物、宿題等を確実に伝えることも重要である。

⑻　学習指導

　授業は、学校生活の中心となる時間である。楽しく分かる授業は、授
業における生徒指導の原点である。また、教育力のある学級は、質の高
い授業を作り出す。

　個に応じた学習指導をするために、補充学習も有効な方法である。

⑼　生徒指導

　担任は、一人ひとりの学習面、心理・社会面、進路面、健康面などをよ
く理解し、保護者とも良好な関係を築くことが大切である。学級の中で
児童生徒は、仲間づくりやトラブルの解決などをとおして、成長発達し
ていく。その意味で、学級は生徒指導を進める上でも基本となる生活場
面と言える。

⑽　学校行事

　学校行事は学級内の望ましい人間関係を形成し、集団への所属感や連
帯感を深める絶好の機会である。行事をとおして学級も個人も大きく成
長することができる。そして、行事は児童生徒にとっても教師にとって
もかけがえのない素敵な思い出となる。

⑾　教室の環境づくり

　教室の環境は、児童生徒の心を育て、学級に温かさとやる気に満ちた雰囲気を醸成する。担任として美しい教室になるように、常に心がけておかなければならない。掲示物をみると、学級の様子や児童生徒たちの姿が見えてくるようなものにする。また、視覚的な刺激に反応しやすい子どもにも配慮し、黒板の周辺に学習への集中を妨げるような不要な掲示物を貼らないなど、すべての児童生徒にとって優しい掲示物にする。

⑿　休み時間

　休み時間に教師が児童生徒と触れ合い、心の通う関係もつくることができる。また、学級の人間関係を把握する絶好の機会となる。

⒀　放課後

　放課後の教室に行けば、掲示物に落書きがされていることもあれば、机やいすがきちんと並んでいてゴミが落ちていないこともある。その教室の様子等から、児童生徒の実態や心のありようを見ることができる。担任として、教室をきれいにするとともに、一人ひとりの顔を思い浮かべながら1日を振り返る時間としたい。

⒁　面談

　児童生徒との面談は、教師と児童生徒との良い人間関係をつくるきっかけとなる大切な場面である。また、児童生徒理解にもつながり、会話を通しての言語的な内容と同時に非言語的な表情・姿勢・話し方・声の

トーンなどから相手についての情報、また相手がもっている情報を得ることができる。

　保護者との懇談では、子どもの成長のために協力関係を築くことが大切である。そのために保護者からの信頼を得られるように努めなければならない。

⑮　欠席

　欠席には様々な理由がある。欠席した次の日に、安心して登校できるように授業の様子や次の日の連絡を伝え、児童生徒の気持ちに配慮することが大切である。欠席が続くようであれば、家庭との連絡を密にとり家庭訪問なども行い、児童生徒を見守ることが必要となる。

⑯　学級懇談

　学級担任と保護者が、相互理解と信頼関係を構築する貴重な場である。事前に懇談の計画をしっかりと立て、充実した会になるようにしなければならない。

⑰　学級通信

　保護者に子どもや学級の様子を知らせる絶好の機会となる。保護者は学級通信を読むことで、安心感と信頼感をもつことができる。

　また、班ノートや個人ノートを活用して児童生徒とのコミュニケーションを図る方法もある。

⑱　通知表

　通知表は、児童生徒がずっと残しておく大切な記録である。所見では、児童生徒の成長の様子を具体的にわかりやすく心を込めて書くことが大切である。

4．心の居場所となる学級

(1)　心の居場所づくり

　児童生徒にとって心の居場所となる学級とは、「安心して生活のでき

る学級」「存在を認められている学級」「大切にされていると実感できる
学級」「役に立っていると思える場所」「困ったときに支えたり、見守っ
たりしてくれる学級」「一緒に喜んだり悲しんだりできる学級」である。

　学級担任は、授業や行事、日々の関わりなどの中で、心の居場所づく
りをしていかなければならない。一方、児童生徒自身も、授業や行事な
どで、主体的に学んだり、共同して体験活動を行ったりすることをとお
して、自らの力で絆づくりを行うことが必要である。そのために、学級
担任として、児童生徒が主体的に絆づくりできるような機会を作ってい
くことが重要である。

　学級担任による心の居場所づくり、児童生徒による絆づくりに有効な
方法として、構成的グループエンカウンターとQ‐U（楽しい学校生活
を送るためのアンケート）がある。筆者が、これまで学級担任や上級教
育カウンセラー（日本教育カウンセラー協会）として実践してきた構成
的グループエンカウンターとQ‐Uを紹介する。

⑵　構成的グループエンカウンター

　構成的グループエンカウンターとは「集中的なグループ体験」のこと
である。「ふれあい（encounter）」と「自己発見（self-discovery）」を通し
て、参加者の「行動変容」を目標としている。究極的には「人間的成長」
（personal-growth）を目的としている。具体的には、学級担任（リーダー）
の指示したエクササイズ（心理面の発達を促進する課題）を子どもたち
（メンバー）がグループで行い、そのときの気持ちを率直に語り合う「心
と心のキャッチボール」を通して、徐々にエンカウンター体験を深めて
いく。

　ここで一つのエクササイズを紹介する。

≪エクササイズ≫
これまでの人生で影響を受けた出来事または人物
〈準備〉
ペアで対面するための椅子。

〈インストラクション〉

「これまでの人生で影響を受けた出来事または人物」というエクササイズをします。今の私たちは、過去の出来事や出会った人の影響を受けています。そこで、どのような影響を受けていたのかを思い出し、「私は～」という一人称でペアに語ってもらいます。

ねらいは、自分の内面を開くことによって、お互いの人生に学び、自分の理解も他人の理解も深めることです。留意点は、他人の人生に敬意をもって聞くことにあります。

例えば、私は～（教師自身がこれまでの人生で影響を受けた出来事または人物について話す）。

（私の説明を聞いてパスしたい人は言ってください。そのときはひとこと理由をつけてください）

〈エクササイズ〉

それでは、エクササイズに入ります。最初に語る人を決めてください。

影響を受けた出来事または人物について思い出す時間は 2 分。相手に語る時間は 1 分 30 秒。その後、役割を交代して語ります。

まず、影響を受けた出来事または人物について思い出してください。

次に、相手にそれを語ってください。

それでは、役割を交代して語ってください。

〈シェアリング〉

このエクササイズを体験してみて、感じたこと、気づいたことを自由に話し合ってください。時間は 2 分です。

〈介入〉

ペアの話をしっかりと聴くようにすすめる。

⑶　Q-U

河村（2006）は、教育力のある学級集団の条件として、「学級内のルール・対人関係のルール、集団活動・生活をする際のルール」と「リレーション（互いに構えのない、ふれあいのある本音の感情交流がある状態）」が確立されていることを挙げ、そのルールとリレーションの確立状態を知る方法として、Q-U（楽しい学級生活を送るためのアンケート）、hyper-Q-U（よりよい学校生活と友達づくりのためのアンケート）を

開発した。

　Q-Uは、学級満足度尺度と学校生活意欲尺度からなり、一人ひとりの実態や学級の状態を把握する有効な方法である。

　Q-Uは、いじめを受けていたり、不登校になったりする可能性の高い児童生徒や学校生活の意欲が低下している児童生徒など早期に発見し、解決に結びつけることができる。

　Q-Uは、学級の状態が満足型学級（ルールもリレーションも高い）であるのか、管理型学級（ルールは高いが、リレーションはやや低い）であるのか、なれあい型学級（ルールはやや低いが、リレーションは高い）であるのか、荒れ始め型学級（ルールもリレーションもやや低い）であるのかがわかり、崩壊型学級（ルールもリレーションも低い）に至らない学級づくり、よりよい学級づくりにつなげることができる。

　筆者も転勤したばかりの中学校で３年生の担任をしたときに、まだ生徒の様子がよくわからないため、Q-Uを使うことで次のように生徒の実態把握にたいへん役立ったことがあった。

　「他の先生からリーダーと言われていた生徒がQ-Uの結果、要支援群の中に入っていた。要支援群は、いじめや不登校になる確率が高い群である。そこですぐに面談をすると、２年生の時にいじめを受けており、３年生ではできるだけ目立たないようにしているということがわかった。その後、学級担任としてこの生徒に寄り添い、一緒に問題解決に取り組む中で、いじめはなくなり後期にはリーダーとして活躍するようになった」。

　このようにQ-Uを使って児童生徒一人ひとりの実態を把握し、そのうえで構成的グループエンカウンターを活用した学級づくりを行うと、教育力のある学級集団として成長させることができる。

5. 学級担任の魅力

　学級では、１年間担任教師と児童生徒が一緒に泣いたり笑ったりしな

がら繰り広げられる感動のドラマが綴られていく。その中で、学級集団も、担任教師・児童生徒も大きく成長していくことになる。

　学級担任として児童・生徒に奇跡的に出会い、1年間の学級活動をとおして学級集団も個人も大きく成長する瞬間に立ち会えることは、教師にとって何よりもの喜びであり、生きがいとなる。

　小学校の担任は、人格形成において大切な6歳から12歳までを指導する。この年代は人間関係を築く力も未熟で様々なトラブルが発生する。そのトラブルを乗り越え、学級の児童が一つにまとまり、終業式や卒業式で児童の溢れた笑顔を見たときには、感動と同時に教師をやっていてよかったと感じるものである。

　中学・高校の担任は、進路選択を支える大切な役割を担う。これからの人生の分かれ道を選択する時期には、生徒誰もが悩みを抱える。そのときに、生徒に寄り添い、じっくりと話を聞き、一緒に考えるという担任の仕事はたいへんやりがいのあるものである。そして、卒業後に教え子たちが社会で立派に生きる姿、活躍する姿を見ることはこの上ない喜びとなる。

引用・参考文献

河村茂雄　2006　映像で見るQ-U　Q-U実践講座　目で見る学級集団の理解と対応の実際　図書文化社

河村茂雄　2006　Q-Uによる特別支援教育を充実させる学級経営　図書文化社

河村茂雄　2014　学校心理学ハンドブック　日本学校心理学会編　教育出版　204-205

國分康孝　國分久子総編集　2004　構成的グループエンカウンター事典　図書文化社

仙台市教育委員会　2015　学級担任のための生徒指導ハンドブック

http://www.sendai-c.ed.jp/~soudanka/H25/collection/pdf/seitosidou_
howto_0317-2.pdf（2021 年 4 月 27 日確認）

Chapter **4**

学習指導

大学1年生333名に良い授業とは何かという質問を出した。その中で、多くの学生の意見が集約されているのが次の回答である。

　「私が考える良い授業とは、子供たちが達成感を得られる授業をすることだと考える。子供は、授業の内容が面白いと感じたり、学ぶことの喜びを味わったりしたいので、興味を引くような授業内容を構成することが必要となる。良い授業を行うために授業の目標をはっきり示すことが必要である。授業を行う上で子供たちに付けたい力は何か、何のために学ぶのかということを明確にしておく必要があると思う。授業を組み立てて行く際は、子供たちに付けさせたい力は何か、ということを軸に、目標達成のためにどのような教材を使って、どのように工夫しながら子供たちに指導していけば良いかを考えることが求められるはずだ。また、先生が一方的に話すだけの授業だけでは子供たちが十分に達成感を得られないので、子供たち同士が話し合いを行い、様々な意見を出し合うことで、他の人の考え方にも触れることができるのでグループワーク中心の授業を行っていきたい」。

　多くの学生は、教師からの一方向からの講義は身につかない、興味がわかない、集中できないと答えていた。学生が望む授業とは、まさに「主体的・対話的で深い学び（アクティブ・ラーニング）」の視点に立った授業である。

　そこで、教師は「主体的・対話的で深い学び」の視点に立った授業改善を行い、学校教育における質の高い学びの実現を目指していかなければならない。児童生徒が学習内容を深く理解し、資質・能力を身に付け、生涯にわたって能動的（アクティブ）に学び続けられるように、教師は日々研究し、実践していくことが重要である。本章では、より良い授業づくりにつなげるため、様々な視点から学習について考えていく。

1. 情意面

⑴　動機づけ

　学習をしていると、もっと知りたい、もっと聞きたい、もっと見たいという気持ちが起こることがある。このやる気・学習意欲は、心理学では動機づけと呼ばれている。動機づけは「人間や動物の行動に駆りたてること。駆りたてたものが賞罰などのときには外発的動機付け、知的好奇心などの時は内発的動機付けという。モチベーション」(広辞苑第7版)という意味がある。

　学校の中でしばしば聞く話に、保護者が「テストで90点以上とったらゲームをしてもいい」「高校入試に合格したらスマホを買ってあげる」など、子どもと約束するというのがある。これはゲームやスマホという報酬を得るための手段として学習するように動機づけることで、外発的動機づけにあたる。まさにアメとムチによる動機づけである。しかし、外発的動機づけが、学習意欲の継続につながらないことは、教師は経験的にわかっている。なぜなら、学習するのは手段であって、ゲームやスマホが獲得できれば、それで目標が達成されるからである。

　一方、学習をしていると、もっと新しいことを知りたい、なぜそうなるのかわかりたいなど、知的好奇心が生まれ、学習すること自体に興味や関心が向き、学習活動が動機づけられることがある。これを、内発的動機づけという。

　先ほどのゲームやスマホのために学習を始めた子どもが、学習をしているうちに、学習すること自体が楽しいと感じ、内発的動機づけを持つようになることもある。このことから、教師は、学習の初めはたとえ外発的動機づけからであったとしても、学習を進めながら学習者である児童生徒が内発的動機づけを持てるように工夫していくことが必要である。そこで、教師は児童生徒の知的好奇心を引き出すような授業づくりに努めなければならない。

⑵ 学習性無力感

　小学校に入学した児童を見ていると、何事にも興味津々、やる気満々で、学習活動にも意欲的に取り組む。ところが、学年が上がり、中学生になり、高校生になっていくなかで、学習活動に興味を示さない生徒が増えてくる。これは子どもたちが学習場面で「成績があがらない」「授業がわからない」などの経験を繰り返すなかで、学習活動に取り組もうとしなくなる状態になったのである。このような状態を学習性無力感と呼ぶ。

　無力感は学習されることを実験で示したのがセリグマン（1967）である。実験ではイヌの前足を鎖でつなぎ、逃げることのできないように固定して前足に電気ショックを与える。イヌは何とか電気ショックから逃れようと動くが、電気ショックはとまらない。しばらくすると電気ショックはとまるが、それはイヌのいかなる動きとも無関係である。つまり、行動と結果が伴っていない状況である。そして、イヌの行動とは関係なく電気ショックはやってきて去っていくことが、何度も続けられる。そのあと、鎖を外したイヌに同じように電気ショックをかける。今度は、イヌの行動によって電気ショックから逃れられる状況である。しかし、無気力になってしまったイヌは電気ショックから逃れようとはせず、うずくまったままであった。このようにイヌは、行動と結果が随伴しない経験を重ねるうちに、自分の行動が無力であるということを学習し、学習性無力感に陥ったのである。

　一方、別のイヌに同じような実験を行った。違いは、電気ショックを与えたときに、イヌの鼻の前にあるパネルを押すことで、電気ショックを止められるところであった。当然、イヌはパネルを押して電気ショックを回避することを学ぶ。その後逃げることのできる状況に置くと、行動と結果が伴うことを経験したイヌは、自分の力で電気ショックからの逃避行動をとった。つまり、イヌは無気力にならなかったのである。

　生まれつき無気力な人間はいない。学校の中で児童生徒が学習性無力

感に陥らないようにするために、教師が果たすべき役割は極めて大きい。学校では、日々の授業や体験活動などが行われているが、その中で失敗を繰り返し経験させると、児童生徒はやる気を失い、気持ちが落ち込み、本来できることまでもできなくなってしまう。そのようにならないためには、教師は様々な場面で児童生徒一人ひとりが成功体験を積み重ねられるよう指導することが必要である。また、学習性無力感に陥ってしまった児童生徒にやる気を取り戻させるために、「自分の力でできそうだという確信」である自己効力感を持たせる学習指導を行うことが大切である。

(3) 自己効力感

① 自己効力感と随伴性認知

バンデューラが提唱した自己効力感は「自分が取り組むことに対する『できる』という感覚のこと」である。人は行動することで、結果が生まれる。ある行動を起こす前に「きっと自分なら取り組むことができる」「なんとかできそうだ」という気持ちがあれば、最初の一歩を踏み出すことができる。「（だって・どうせ・でも）できない」と思っていれば、なかなか行動には移せない。このように自己効力感は、目標を実現するために行動を起こすきっかけとなるものである。

次に、自己効力感とともに随伴性認知も重要である。随伴性認知とは、自分の行動によって結果が得られるという意識である。前述のイヌの実験では、鼻でパネルを押すという行動をすれば、電気ショックを回避するという結果を得たイヌは無気力にはならなかった。これは行動と結果が完全に随伴しているからである。このように自分の行動によって結果が生じるという意識が高ければ、それならやってみようという意欲がさらにわいてくることになる。

例えば体育の授業で先生から繰り返し走る練習を続けることが課せられたとき、自己効力感の高い子どもは、自分ならなんとかなり

そうだと、モチベーションを上げ、前向きに練習に取り組もうとする。さらに、その子どもが、この練習を継続していくことで記録は伸びていると実感できれば、練習にも一層熱が入り、練習成果がより見込めることになる。つまり、努力が結果につながっていて、実際に自分がその努力することができると感じられることが学習意欲につながる。このように自己効力感と随伴性認知がそろうと、やる気を生み出す大きな力となるのである。

　それに対して自己効力感の低い子どもは、例えば国語の先生から問題集を与えられたとき、それをすれば成績があがるとわかっていても、自分はどうせ最後まで問題集を解くことができないと行動を後回しにしてしまったり、行動を始めても少し難しい問題に出会うと「やはり自分にはできない」と、諦めてしまったりする。このように随伴性認知が伴っていたとしても、自己効力感が低いと行動にはあらわれず、成果を得ることができないのである。

② 　自己効力感の育成

　児童生徒の自己効力感を育成するためには、成功経験を重ねること、成長していると実感すること、自分にもできるという自信を持つことが必要である。そのために、教師がするべきことを三つ挙げる。

　　・児童生徒に適切な目標を設定させる。例えば、毎日問題集を50ページする、一日最低8時間以上勉強する、テストで一番になるなど、ほとんどの児童生徒たちにとって実現できない目標を初めから設定してしまうと、最初は意気込んで頑張ってもすぐに挫折してしまうことになる。また、誰にでも簡単にできる目標だと達成することが当たり前で、自信につながらない。そこで、一人ひとりに合った、ジャンプすれば届くような適切な目標を設定することが大切である。

　　・教師は、児童生徒の苦手な部分を具体的にサポートする。一人

ひとり苦手な部分は違う。そこで個に応じて丁寧にサポートしていく。

・教師は、適切な評価をする。評価をするときは、できなかったことを評価するのではなく、できたところを積極的に評価するようにする。また、結果にとらわれることなく、努力した過程を評価することが大切である。

　もう一つ、自己効力感の育成に重要なこととして、自己決定感をもたせることがある。これは、誰かに動かされているのではなく、自分の意志で動いていると感じられることである。児童生徒の自己決定感が高ければ、成功したときは大きな自信や次の意欲につながる。失敗しても肯定的に捉え、成長の糧に変えることができる。逆に自己決定感が低いとやらされているという気持ちが強く、成功しても自分の力と考えにくくなる。失敗したら否定的に捉えて、次につなげようという気持ちには結びつかない。そのため、教師は児童生徒が主体的に学習に取り組んでいると実感できるように工夫していくことが必要となってくる。

2．学習形態

⑴　一斉学習

　学習形態で一般的に知られているのは一斉学習である。学級を単位として、一人の教師が学級に所属する多数の児童生徒に対して授業時間内に、同じ指導内容を同じ指導方法で教える学習形態である。

　一斉学習は昔からある伝統的な学習形態のように思われがちだが、起源はそれほど古いわけではなく、19世紀初期にイギリスのベルとランカスターによってそれぞれ同時期に開発されたモニトリアル・システム（助教法）に見ることができる。モニトリアル・システムとは、教師が生徒の中で年長・優秀な者を選んで助教（モニター）とし、学級内の班の生

徒たちの指導にあたらせる教授方法である。教師に教えられたことを助教たちが各班に教えることで、効率的経済的に大勢の生徒への一斉学習が実施できることになった。

　一斉学習が日本で普及されたのは、1872 年（明治 5 年）「学制」の公布と同時に設立された最初の師範学校の教師であるスコットによって導入されてからである。

　一斉学習の長所として「多くの知識や技能を限られた時間の中で効率的に伝達していくことができる」「同じ課題に対して学級全体で話し合ったり、集団で思考したりすることができる」などがある。その反面「教師から児童生徒へ一方向の知識伝達になり、画一的で子ども同士の交流が少なくなる」「児童生徒の主体的な学びに結びつきにくい」「一人ひとりに応じた指導がしにくい」などの問題点もある。

(2)　グループ学習

　グループ学習は、児童生徒をいくつかの小集団に分けて指導する学習形態である。同じような知識や経験をもつ児童生徒同士あるいは多様な価値観や考え方をもつ児童生徒同士が、問題や状況を共有し、そこで学び合い影響し合いながら考え行動するもので、活発な相互作用が見られる。

　グループ学習で児童生徒同士の活発な相互作用が起こると、「自分の考えをグループのメンバーにわかりやすく伝えようとする」「友だちの多様な視点からの考えを理解する」「自分では気づかない問題点を知る」「友だちのよかった点をモデリングする」などのプロセスをとおしてメタ認知機能を働かせ、学力の向上につなげることができる。しかし、グループ学習では「学力の高い子どもや発言力のある子どもだけで学習が進んでしまい、多様な意見が反映されない」「課題から逸れた話合いや無駄話をしてしまう」という問題もある。これは、活動あって成果なしという状態である。

　そこで、グループ学習では「一人ひとりの意見を尊重し、グループ全員が平等に発言できる機会をもつようにすること」「限られた時間内に

積極的にまとまった意見が発表できる工夫をすること」「認知的葛藤す
る課題のように活発な相互作用が起こる課題を設定する」ことが大切で
ある。そして、意見の異なる人との話合いをとおして問題を解決してい
くという意識を集団として身につけさせることが話合いを有効に機能さ
せる条件になるといえる。

　そのためにも、一斉学習であれグループ学習であれ、日頃から学級の
中で児童生徒同士の積極的な話合いを取り入れた授業を展開させること
が重要である。また、教師は児童生徒を教えるという発想から、教師は
児童生徒の主体的な学びを指導・支援するという発想の転換が求めら
れる。

⑶　ペア学習

　ペアで考えを交流したり、互いの学習状況を確かめたりできる学習形
態である。ペアだと話しやすいが、内容が固定的になる場合もある。

⑷　個別学習

　個別の課題を考えたりまとめたりするなど、個人の活動を重視した学
習形態である。個人のペースでじっくりと取り組めるが、教師一人で支
援しきれない場合もある。

3．コの字型の授業

　一斉学習では、児童生徒は黒板に向かって同じ向きで全員が座ってい
る座席が一般的である。それに対して、コの字型の座席は、お互いの顔
を見ながら授業ができ、教師も児童生徒に近く、学習状況が把握しやす
くなる。コの字型の座席を実践している学校では「グループ学習が活発
になった」「児童生徒のコミュニケーション能力が向上した」「人間関係
が良くなった」という報告がある。

　また、図4-1のように、コの字型の座席は、ペア学習やグループ学習に
も移行しやすい座席である。ペア学習は、並んでいる座席でペアを組む

ことができる。グループ学習は、座席の一部を後ろに向けたり、前に進めたりすることで容易にグループを作ることができる。

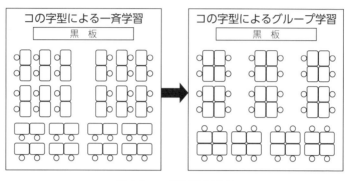

図4-1　コの字型の座席

4．アクティブ・ラーニング（主体的・対話的で深い学び）の視点からの学習過程

　学習形態は学習内容に応じて変わっていくものである。そこでアクティブ・ラーニングの視点からの学習過程を筆者の実践から具体的に見ていく。（コの字型の座席での授業）

⑴　一斉学習

　教師が学習の流れ、授業の目標、目標に迫る質の高い課題を最初に視覚的に示す。ここでいう質の高い課題とは、自分と他者の考えや視点を対立させ、そこに生じる他者との間の認知的葛藤を克服することによって、「主体的」

な学びの深まりを促すことができる課題のことである。

(2)　個別学習

　課題について、児童生徒が自分の考えを論理的にまとめる。その際、自分の意見を明確にし、他者にわかりやすく説得力のある形で伝えることを意識させる。

(3)　グループ学習

　グループで互いの考えや意見を根拠に基づいて伝え合う。課題によっては、ペア学習も取り入れる。

　グループ学習では、話合い活動を深めるため、共同注視の道具として発表ボードを活用する方法もある。発表ボードの活用の利点として「簡単に記録し、視覚として残すことができる」「考えを容易に訂正し、書き直すことができる」「グループの発表をまとめ、黒板に掲示することで、クラス全体で情報を共有できる」などがある。写真の発表ボードは、表はホワイト、裏はグリーンとなっており、意見交流のときはホワイトを使い、発表はグリーンでま

とめる方法をとった。また、付箋を使って意見を伝え合う方法も有効である。

⑷ 一斉学習

　グループで話し合ったことを、学級全体に発表する。発表を聴く側は、自分と意見の違うところ、発表の良いところをノートにメモをとるなど、目的をもって聴くようにする。

　発表だけで授業が終わるのではなく、その後にクラスで意見交流することが大切である。

⑸　個別学習

　学習活動を振り返り、各自で身につけた力などについて自己評価する。

5. 協同学習（アクティブ・ラーニングの視点からの教授法）

　児童生徒同士、あるいは教師と児童生徒たちとが、学び合い、助け合い、協同で知識を構成していく学びの形態として協同学習がある。協同学習は、アクティブ・ラーニングの視点に立った教授法としても注目されている。

　この協同学習の一つとして、筆者が実践したジグソー法を紹介する。ジグソー法とは、アロンソンが考案した学習者同士が協力し合い、学び合いながら学習を進めていく方法である。

具体的には、

①テーマに迫るための課題を4つ設定する。

②4人で構成される授業のグループ（現集団）のメンバーが、課題1〜4の中から異なった課題を選ぶ。

③授業のグループから離れ、同じ課題を研究するグループ（新集団）を作り、そこで課題を研究する。

④授業のグループ（現集団）に戻り、新集団で研究したことを発表し、グループで意見交換する。

授業のグループ

課題1 担当	課題2 担当
課題3 担当	課題4 担当

課題を研究するグループ

課題1 担当 （1班から）	課題2 担当 （2班から）
課題3 担当 （3班から）	課題4 担当 （4班から）

ジグソー法で学習をすると、現集団に戻った児童生徒は一つの課題に対する専門家になるが、他の課題に関してはメンバーから教えてもらわなければならない立場になる。そのような関係の中で協力関係がうまれ、児童生徒同士の活発な相互作用が起こる。

6. 個別最適な学びと協働的な学び

2021年（令和3年）1月中央教育審議会答申「『令和の日本型学校教育』の構築を目指して〜全ての子供たちの可能性を引き出す、個別最適な学びと、協働的な学びの実現〜」では、「令和の日本型学校教育」で目指す学びの姿について「『個別最適な学び』と『協働的な学び』を一体的に充実し、『主体的・対話的で深い学び』の実現に向けた授業改善につなげる」ことを挙げている。以下、中央教育審議会答申に沿って、個別最適な学びと協働的な学びについてまとめる。

⑴　個別最適な学び

「指導の個別化」とは、教師が支援の必要な子どもに、より重点的な指

導を行うことなどで効果的な指導を実現することや、子ども一人ひとり
の特性や学習進度、学習到達度などに応じ、指導方法・教材や学習時間
などの柔軟な提供・設定を行うことである。

　「学習の個性化」とは、教師が子ども一人ひとりに応じた学習活動や学
習課題に取り組む機会を提供することで、子ども自身が学習が最適とな
るよう調整することである。

　「個に応じた指導」とは「指導の個別化」と「学習の個性化」を教師視点
から整理した概念であり、この「個に応じた指導」を学習者視点から整
理した概念が「個別最適な学び」である。

　学校では「個別最適な学び」が進められるよう、これまで以上に子ど
もの成長やつまずき、悩みなどの理解に努め、個々の興味・関心・意欲
などを踏まえてきめ細かく指導・支援することや、子どもが自らの学習
の状況を把握し、主体的に学習を調整することができるよう促していく
ことが求められる。

　その際、ICT の活用により、学習履歴（スタディ・ログ）や生徒指導上
のデータ、健康診断情報等を蓄積・分析・利活用することや、教師の負
担を軽減することが重要である。

(2)　**協働的な学び**

　「個別最適な学び」が「孤立した学び」に陥らないよう、探究的な学習
や体験活動などを通じ、子ども同士で、あるいは多様な他者と協働しな
がら、他者を価値ある存在として尊重し、様々な社会的な変化を乗り越
え、持続可能な社会の創り手となることができるよう、必要な資質・能
力を育成する「協働的な学び」を充実することも重要である。

　「協働的な学び」においては、集団の中で個が埋没してしまうことのな
いよう、「主体的・対話的で深い学び」の実現に向けた授業改善につな
げ、子ども一人ひとりのよい点や可能性を生かすことで、異なる考え方
が組み合わさり、よりよい学びを生み出していくようにすることが大切
である。

7. 学習方法

⑴　**全習法と分習法**

　学習課題をどのように配分して学習するかにかかわる学習方法として全習法と分習法がある。

　全習法は、学習課題をそのままひとまとめにして学習する方法である。全体的なことは把握しやすいが、学習効果が確認しにくい。

　分習法は、学習課題をいくつかの部分に分けて部分単位で学習する方法である。学習成果を早く得ることができ、興味を持続させやすいが、全体的な見通しがつきにくい。

　学習課題の質や量、学習者の能力や学習の進捗状況により異なるが、一般的には学習者の初期段階では、分習法による練習が効果的で、学習がある程度進んだら全習法での練習が効果的である。

⑵　**集中学習と分散学習**

　与えられた学習時間をどのように配分して学習するかにかかわる学習方法として集中学習と分散学習がある。

　集中学習は、休憩時間をほとんど設けず連続的に学習する方法である。

　分散学習は、適当な休憩時間をとって進めていく学習方法である。

　学習課題の質や量、学習者の能力や学習の進捗状況により異なるが、分散学習は休憩中にすでに学習した内容のリハーサルをすることができることや学習内容に注意を集中しやすいことなどから、一般的には分散学習は集中学習より効果があるとされる。

8. メタ認知能力の育成

　授業では、最後に振り返りをすることが大切であるが、自分の学習活動を客観的に振り返ることは、メタ認知と関係する。

メタ認知の「メタ」とは「高次の」という意味である。つまり、認知（知覚、記憶、学習、言語、思考など）することを、より高い視点から認知するということである。メタ認知は、何かを実行している自分に頭の中で働く「もう一人の自分」と言われたり、認知についての認知といわれたりする。例えば、作文を書きながら「話が最初のテーマと違ってきたな」と頭のなかに浮かぶとき、話をしながら「この話で相手はわかっているのかな」と頭の中で考えているときなどはメタ認知を働かせているのである。

　テストの計算問題でミスをしたのにその場では気づかずに、家で見直したら、こんな簡単な計算をミスしていたのかと気づくことはなかっただろうか。このようなミスをする場合、計算方法がわからなかったのではなく、計算をしているときに自分の活動をふりかえるメタ認知を働かせていなかったからだ。

　そこで、学習活動では、感想を書いたり、発表したりするメタ言語活動を積極的に取り入れていくことが有効な方法である。自らの思考や行動を客観的にとらえて、自覚的に処理する能力であるメタ認知能力を育成することが大切である。

　次の二つの新聞記事は、メタ認知と関係する興味深い内容である。

　「実況中継男」の夏が終わった。興南（沖縄）の2年生エース・比屋根雅也が先発し、9回9安打5失点。毎回の13奪三振で153球の熱投を演じたが、5年ぶりの準決勝進出を逃した。

　「自己実況中継」がリラックス法だ。マウンドでは自分の投球を「今のはいい球でしたね」などと解説。監督の知人に勧められ、3回戦から取り入れると、自分を客観的に見ることができた。

　この日も2─3の7回1死、オコエ瑠偉外野手（3年）との対決を前に「さあ、ここで今大会注目のオコエ選手が打席に入ります。何を投げるか」とブツブツ。見事、空振り三振を奪い「『ツーシームが決まったー！』って感じでした。あの場面が一番、楽しいところかなって思います」と大舞台を存分に楽しんだ。

　左腕の心に焼きつくのは 2010 年春夏連覇が決まった瞬間、「深紅の優勝旗が沖縄に渡ります！」の名実況。この年以来 2 度目の夏制覇はならなかったが「悔しさは十分味わった。来年、借りを返す」と、成長して「中継現場」に戻ることを誓った。(2015 年 8 月 17 日 スポーツ報知)

雲の上から「メタ認知」で客観視、阪神近本「もう 1 人の近本」助言で決勝打
　阪神近本光司外野手 (26) が、9 回に決勝の適時三塁打を放った。2 死走者なしから 9 番梅野が四球で出塁し、近本への 2 球目に二盗を決め、送球がそれる間に三進。近本は追い込まれてから、楽天松井の 128 キロスライダーを捉え、一塁線を破った。8 回に藤浪が同点弾を浴びた直後の決勝打。頼れる背番号 5 がチームを救った。
　「メタ認知って知ってますか？」。プロ 1 年目のリーグ戦中、近本は関学大時代からの個人トレーナー、植松弘樹さん (26) に問われた。「言葉ぐらいなら…」。メタ認知は「何かを実行している自分を見る、もう 1 人の自分」と言われる心理学用語。アスリートにとっては自己を俯瞰 (ふかん) 的に見つめ、パフォーマンスの向上につなげる考え方を指す。
　メタ認知に取り組んで約 2 年。植松さんは「今の近本選手は雲の上から自分を見ているくらい、距離を置いて客観視できる」と見ている。今年 3 月、近本は知人を介してスポーツ系の専門学校に通う学生と会話する機会があった。「緊張ってしますか」と聞かれ、「今、緊張している自分を想像したけど、僕、緊張しないんですよ」と答えた。自らを客観視して最善策を考えられる精神面の成長も、打率 2 割 8 分 1 厘と好調の打撃につながっている。9 回の打席は「正直打てるかどうか分からなかった」と言ったが「何としてもバットに当てる」とやるべきことは認知していた。極限の状況で心の中の「もう 1 人の近本」が"助言"したのかもしれない。(2021 年 6 月 13 日　日刊スポーツ)

9. 単元の構成

(1) 児童生徒の実態把握

　1 年生の指導でない限り、教科の指導は、それまで他の教師が担当している場合が多い。そのため、児童生徒の実態がわかりにくいので、児童生徒が実際にどのように指導されてきたのか、どのくらいつけたい力

が身についているのかを、面接、質問、診断テストなど様々な方法を活用して実態把握する。

(2) 単元の目標

　学習指導要領を根拠として適切な目標を設定する。児童生徒の実態を把握し、学習材を研究したうえで、単元で重点的につけたい力を明確にする。その際、つけたい力は何かを児童生徒に十分に理解させる。

(3) 単元の評価規準

　単元目標に即して評価規準を設定し、適切に評価する。

(4) 単元の見通し

　単元でつけたい力を育成するためには「何をするのか」「何を考えればいいのか」「どんな方法で取り組めばいいのか」を明確にする。それを単元の最初に生徒に明確に示し、生徒が見通しをもって主体的に学習に取り組むことができるようにする。

　指導計画を立てる際には、児童生徒と一緒に計画を考えることも有効な方法である。

(5) 単元の振り返り

　結果として、単元において何をどのように学んだのかを児童生徒に実感させる。書く活動などをとおして、自分の思考の足跡を振り返り、身につけた力を自分の言葉でまとめさせる。これはメタ認知能力の育成につながる。

10. 授業づくり

(1) 本時の見通し

　単元で目標を決めたように、一時間一時間の授業でも目標が必要である。一時間の授業の中で児童生徒にどのような力を身につけさせたいのかを明確に示し、どのように学ぶのかを理解させることが大切である。

　また、「何をどのような順番で行うか」を確認する。授業の流れを見

える形で示すことで、誰にでも分かりやすく安心して過ごすことができる。

⑵　**進め方**

導入・展開・終末など、進め方や時間の割振りを適切にする。

⑶　**学習形態**

授業内容に合った効果的な学習形態にする。（全体・グループ・ペア・個別）

⑷　**発問説明**

本時の目標に迫る発問や説明などを適切にする。

・既習事項を確認する発問

・学習課題に導く発問

・思考を広げたり、深めたりする発問

・判断を促す発問

・比較したり異同を明確にしたりする発問

・自分の考えやイメージを出させる発問

・視点を転換させたり、ヒントを与えたりする発問

・自分を振り返らせる発問

・次の学習への意欲化を図る発問

⑸　**学習課題**

質の高い学習課題を提示する。（意欲をかき立て、思考を活性化させるもの）

⑹　**思考時間**

児童生徒の主体的な学び合いを促すために、一人ひとりにじっくりと考えさせる時間を確保する。

⑺　**思考整理**

考えを論理的に自分の言葉でまとめさせる。

⑻　**話合い**

考えを話し合わせる。（全体・グループ・ペア）

⑼ **読み取り**

　資料などを読ませ、必要な情報を捉えさせる。

⑽ **資料等**

　資料・プリント・教具は、効果的に活用させる。

⑾ **ノート**

　ノートやワークシートは思考を助け、振り返ることのできる内容にさせる。

　・書く時間を保障する。

　・書いている途中で、発問や指示をしない。

　・ノートの約束事を理解させる。

⑿ **板書**

　思考を助け、振り返ることのできる板書にする。

　・板書のタイミング

　　　説明する場面と板書する場面の区別をつける。

　・板書の分量

　　　1時間の授業を、黒板一枚分にまとめる。

　・板書の種類

　　　思考の過程に沿ってまとめる。

　　　子どもの考えを整理したり、分類したりする。

　・視覚に訴える板書

　　　字の大きさ、色チョークの使い方、図、写真、イラストの効果的な使用などを工夫する。

⒀ **振り返り**

　結果として、授業で何をどのように学んだのかを実感させる。

　書く活動などをとおして、自分の思考の足跡を振り返り、身につけた力を自分の言葉でまとめさせる。

⒁ **予告**

　本時の授業が次時の授業や家庭学習につなげられるようにする。

11. ユニバーサルデザインの授業

(1)　ユニバーサルデザインとは

　バリアフリーは、障害によりもたらされるバリア（障壁）に対処するとの考え方であるのに対し、ユニバーサルデザインはあらかじめ、障害の有無、年齢、性別、人種などにかかわらず多様な人々が利用しやすいよう都市や生活環境をデザインする考え方である。

　障害者の権利に関する条約第2条（定義）において「『ユニバーサルデザイン』とは、調整又は特別な設計を必要とすることなく、最大限可能な範囲で全ての人が使用することのできる製品、環境、計画及びサービスの設計をいう」とある。

(2)　ユニバーサルデザインの授業とは

　ユニバーサルデザインの授業とは、つまずきのある子どもにも、達成の早い子どもにも、全ての子どもが「楽しい・わかる・できる」と感じられる授業である。そこでは、つまずきのある子どもには、ないと困る支援、ほかの子どもには、あると便利で役に立つ支援となる。

(3)　教室の児童生徒

　文部科学省が2012年（平成24年）に行った調査では、通常の学級における教育的支援を必要とする児童・生徒の割合が6.5％であること、そのうち何の支援も受けていないケースが4割近くに上ることが明らかになっている。このことに関して筆者は、経験上学校現場で教育的支援を必要とする児童生徒は6.5％よりも多いと認識している。

　教室には「急な変更や変化をいやがる」「視覚情報処理が苦手である」「においや音に対して過敏に反応する」「整理整頓が苦手である」「忘れ物が多い」「そわそわしていて落ち着きがない」「気持ちをコントロールすることが難しい」「授業中に席を離れる」など、多様な児童生徒がいる。

(4)　教室環境の整備

　①　教室の掲示物

黒板の周辺に不要な掲示物を貼らない。視覚的な刺激に反応しやすい児童生徒には、学習への集中を妨げることになる。黒板周辺の掲示物は必要なものだけにすることが重要である。

　その必要なものの一つに、1日の予定の掲示がある。言葉だけの指示では動きにくい児童生徒、予定がわからないと不安に感じる児童生徒に対しては「いつ」「どこで」「何を」「どのように」するのかを「見える形」で明確に提示することが大切である。

② 整理整頓

　「整理整頓」は、プリント類や文具などを探す時間を減らし、学習を効率的に進める効果がある。教室内で「何を」「どこに」「どのように」置けばよいのかを誰が見てもすぐにわかるように、視覚的に伝えることが必要である。

③ 椅子の工夫

　音に対して過敏に反応する児童生徒が、学習に集中しやすい静かな環境にするために、児童生徒の椅子の脚にテニスボールをつけるなど、音が出にくくなるようにする。

(5) 授業の工夫

① 授業の目標と流れを視覚的に掲示する。

　授業の目標を示すことで、授業のポイントを知る。授業の流れを示すことで、授業の見通しを立てて安心して授業に参加できるようにする。

② 　わかりやすい板書にする。

色覚検査は、2003 年 (平成 15 年) 学校の健康診断で検査の必須項目から外れたため、自分の色覚障害に長年気がつかない場合がある。チョークを使

う授業では、色の見え方の特性がある人にとっても、特性のあまりない人にとってもより鮮明に文字が見えるように、色の明度と彩度に差をつける工夫することが大切である。

板書内容については、各教科により学習内容が違い、統一した黒板の使い方のルールを決めることはできないが、できるだけ全教科で共通したルールで板書する。具体的には、目標、授業の流れ、課題、意見、まとめ、次時の課題 (予告) などの書く場所を決めておくとよい。

③ 　見やすいノートにする。

ノートに書くときに、ノートの行間をうまく使えず、字の大きさがばらばらになったり、バランスよくノートを使うことができなかったりすることがある。見本となるノートの書き方を示し、丁寧に指導することが大切である。また、プリントを貼るときに、切り方・貼り方がさまざまになるため、プリントを事前に切っておくと、貼り方が統一でき、きれいなノートになる。

板書を写す時間を十分に取ることも大切である

④　教師の指示の出し方、言葉かけを工夫する。

・児童生徒の注意を向けさせてから指示する。指示をするときには「今するべきこと」を明確かつ具体的に示したり、短いことばで注意を喚起したりすることが大切である。

・具体的で簡単な言葉で話す。「ちゃんと、ちょっと、くらい、きちんと、てきぱきと、あっち、だいたい」などのわかりにくい言葉をできるだけ使わないように心がける。また、比喩や耳慣れない言葉にも気をつけ、目的や終点、量や回数などを明確に伝えることが大切である。

例えば、「10分くらいで問題をちょっと解いてください」と言わず、「10分で問題を三問解いてください」と明確に伝える。

・望ましい行動をその場で強化する。「〜がいいね」と具体的な称賛をすることが大切である。

・肯定的な言葉かけをする。「〜はダメ」と否定形でいわず、「〜したほうがいいよ」という肯定的な形で、適切な行動を誘発する。

例えば、学校でよく見かける「廊下は走らない」という掲示物を「廊下は歩きましょう」とする。肯定的な表現は、児童生徒の意欲を持続させるための支援となる。

・たくさんの指示は手順を明確にして細かく伝える。

例えば、「プリントがおわったら先生の机の上に出して帰りのしたくをしてください」と複雑な指示を与える場合、「プリントをする」「プリントを先生の机に出す」「帰りのしたくをする」のように一文一動作で細かく伝える。目に見える形の板書を利用することも、視覚的な援助になる。記憶することが苦手な児童生徒や注意を向けるのが苦手な児童生徒だけでなく、複数の指示があると誰もが忘れてしまいがちになる。そこで、一文一動作の指示にすると、集中力を高め記憶しやすくなる。

⑹　教師の振り返り

　ユニバーサルデザインの考え方を取り入れ、児童生徒にとって楽しくわかりやすい授業づくりをするためには、日頃から教師自らが授業を振り返り、授業の改善を図っていくことが必要である。そのときに助けになるのが表4-1・表4-2にあるようなチェックリストである。これは、兵庫教育大学附属中学校の研究実践であるが、それぞれの教師が自分なりの振り返り方法を工夫することが大切である。

表4-1　学びのユニバーサルデザインチェックリスト

教科（　　　　　　） 記入者（　　　　　　　　　　）	かなりやっている	やっている	たまにやっている	ほとんどやっていない
1　落ち着いた静かな環境をつくっている。				
2　わからないことがわからないといえる関係づくりを進め、教え合ったり協力し合ったりする場面を意図的につくっている。				
3　頑張り努力を認める声かけをしている。				
4　授業の初めに本時のめあてと内容の進め方・流れについて全体的な見通しを提示している。				
5　指示・伝達事項は聴覚的（言葉）だけでなく、視覚的（板書）に提示するようにしている。				
6　発問は短く、わかりやすい言葉で的確に伝えている。				
7　大事なことはメモさせる、メモを渡すなど方法を工夫している。				
8　ワークシートの大きさを統一し、ノートに貼る時間・ファイリングする時間を確保している。				
9　分からないことがあった生徒が、担任（教科担任）からの助言を受けやすくする工夫をしている。				
10　自分の考えを持って学習に参加できるような課題を与え、その生徒も発表できる機会を持てるよう工夫している。				
11　スモールステップで積み上げていく喜びのある課題を提示している。				
12　わかりやすいワークシート・学習プリントなどを活用して学習の進め方、段取りがわかりやすくなるような工夫をしている。				
13　毎回の進め方にある程度パターンを導入している。				
14　板書タイムを取るなど、自分のノートが完成するように導いている。				
15　振り返りシート、確認プリントなどを活用し、学んだことを確かめる（評価する）ための活動を取り入れている。				
＜ＭＥＭＯ＞				

出典：兵庫教育大学附属中学校（2014）研究紀要第20集

表4-2　授業評価シート

| 教科( ) 授業クラス( ) 単元名( ) 授業者( ) |

観点		授業評価項目	良かった点	改善すべき点
授業・構想	a	本時の授業の「課題（ねらい）」が明確であり、生徒の実態に即している。		
	b	既習の学習内容の定着・理解度が確認されている。		
	c	個別学習やグループ学習など、ねらいに応じて様々な学習の形態を工夫している。		
授業・展開	a	導入の段階で、本時の課題につなげる工夫をしている。（前時の復習・動機付けなど）		
	b	わかりやすく主体的に取り組めるような課題設定を行い、自力解決のための思考の手がかりを持たせている。		
	c	生徒の様相観察を十分に行い、生徒の反応を受け止めて授業をしている。		
発問・指示	a	全体への発問・指示と個別の声かけ・確認などの支援の工夫をしている。		
	b	生徒の発言や活動が活発になるような指示が出せている。（簡潔な表現・具体的な言葉）		
	c	授業の進め具合は、生徒にとってちょうど良い。		
板書	a	板書はわかりやすく、授業内容を整理するものになっている。		
	b	授業の流れや学習内容がわかるように板書計画を工夫している。		
	c	視聴覚機器が効果的に使われている。		

出典：兵庫教育大学附属中学校（2014）研究紀要第20集

12. 学習指導案

(1) 学習指導案とは

　学習指導案は授業を構想するときの設計図、授業を行うときの進行表、授業後の記録、次の授業の準備となるものである。

　学習指導案を作成するとき、学習指導案を見れば、単元で身につけさせたい力は何か、教師や児童生徒はどのような活動をするのか、どのように評価するのかなどがわかるものにしなければならない。それが、より良い授業を生み出し、児童生徒に確かな学力を身につけさせることにつながる。

(2)　学習指導案の役割

①　授業の設計図としての役割

　　学習指導案は、児童生徒の実態を把握したうえで、学習指導要領を根拠にして、年間の指導と評価の計画に基づき、系統的に単元の目標と評価規準を設定する。その後、単元の目標を達成するために1時間ごとの授業の目標を決め、学習内容や学習活動を考える。

　　学習指導案の様式は、特に定められたものはない。一例をあげると学習指導案は「単元名、単元の目標、単元設定の理由（単元観・児童生徒観・指導観等）、単元の評価規準、単元の指導・評価の計画、単元の流れ、単元の指導・系統、本時の指導（目標・評価規準・展開）、資料」などで構成されている。学習指導案は、各学校、各研究会、教科により、独自で作成する場合もある。

②　研究授業の資料

　　学習指導案は、研究授業等を参観するとき、事後研究会で討議するときの重要な資料となる。他教科の教師が参観することもあるので、授業のねらいや授業内容を明確にし、話合いが深まる指導案を作成する。

③　授業実践の記録

　　学習指導案を基にして、授業内容や生徒の変容、学びの深まりなどついて振り返り、成果や課題を明らかにする。

　　学習指導案、資料、児童生徒の振り返り、授業の写真や動画、研究会の記録などを大切に保管し、今後の授業に活用する。

13. 学習評価

(1)　学習評価とは

学習評価の基本構造は、図4-2にあるとおりである。

平成29年改訂で,学習指導要領の目標及び内容が資質・能力の三つの柱で再整理されたことを踏まえ,各教科における観点別学習状況の評価の観点については,「知識・技能」,「思考・判断・表現」,「主体的に学習に取り組む態度」の3観点に整理されています。

「学びに向かう力,人間性等」には
①「主体的に学習に取り組む態度」として観点別評価(学習状況を分析的に捉える)を通じて見取ることができる部分と,
②観点別評価や評定にはなじまず,こうした評価では示しきれないことから個人内評価を通じて見取る部分があります。

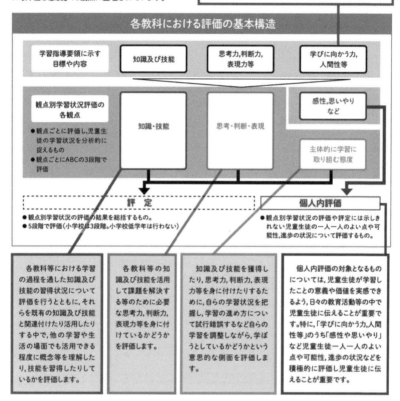

各教科における評価の基本構造

| 学習指導要領に示す目標や内容 | 知識及び技能 | 思考力,判断力,表現力等 | 学びに向かう力,人間性等 |

観点別学習状況評価の各観点
●観点ごとに評価し,児童生徒の学習状況を分析的に捉えるもの
●観点ごとにABCの3段階で評価

知識・技能

思考・判断・表現

感性,思いやりなど

主体的に学習に取り組む態度

評定
●観点別学習状況の評価の結果を総括するもの。
●5段階で評価(小学校は3段階。小学校低学年は行わない)

個人内評価
●観点別学習状況の評価や評定には示しきれない児童生徒の一人一人のよい点や可能性,進歩の状況について評価するもの。

各教科等における学習の過程を通した知識及び技能の習得状況について評価を行うとともに,それらを既有の知識及び技能と関連付けたり活用したりする中で,他の学習や生活の場面でも活用できる程度に概念等を理解したり,技能を習得したりしているかを評価します。

各教科等の知識及び技能を活用して課題を解決する等のために必要な思考力,判断力,表現力等を身に付けているかどうかを評価します。

知識及び技能を獲得したり,思考力,判断力,表現力等を身に付けたりするために,自らの学習状況を把握し,学習の進め方について試行錯誤するなどの自らの学習を調整しながら,学ぼうとしているかどうかという意思的な側面を評価します。

個人内評価の対象となるものについては,児童生徒が学習したことの意義や価値を実感できるよう,日々の教育活動等の中で児童生徒に伝えることが重要です。特に,「学びに向かう力,人間性等」のうち「感性や思いやり」など児童生徒一人一人のよい点や可能性,進歩の状況などを積極的に評価し児童生徒に伝えることが重要です。

図4-2　各教科における評価の基本構造

出典:文部科学省国立教育政策研究所教育課程研究センター (2019)「学習評価の在り方ハンドブック　小中学校編」
https://www.nier.go.jp/kaihatsu/pdf/gakushuhyouka_R010613-01.pdf (2021年4月27日確認)

　2019年(平成31年)1月の中央教育審議会「児童生徒の学習評価の在り方について(報告)」では,「学習評価は,学校における教育活動に関し,児童生徒の学習状況を評価するものである。現在、各教科の評価につい

ては、学習状況を分析的に捉える『観点別学習状況の評価』と、これらを総括的に捉える『評定』の両方について、学習指導要領に定める目標に準拠した評価として実施するものとされており、観点別学習状況の評価や評定には示しきれない児童生徒一人一人のよい点や可能性、進歩の状況については、『個人内評価』として実施するものとされている。また、外国語活動や総合的な学習の時間、特別の教科である道徳、特別活動についても、それぞれの特質に応じ適切に評価することとされている」とある。

(2)　**評価方法**

①　目標に準拠した評価（絶対評価とも）

　目標に準拠した評価とは、学習指導要領に示す目標がどの程度実現したか、その実現状況を見る評価である。2000年（平成12年）指導要録通知以降は、それまでの集団に準拠した評価を改め、指導要録では、観点別学習状況の評価と評定の両方を、目標に準拠した評価として実施することとなった。

　目標に準拠した評価の良いところは「児童生徒が身につけた力を的確に捉えることができる」「一人ひとりの達成状況に応じて学習指導の改善を図ることができる」「児童生徒の学力が教師の目指す目標に達しているかどうかを点検でき、教師の指導改善に役立てることができる」などがある。

　目標に準拠した評価の問題点は「教師、学校、地域によって評価の方針が異なる」「テストの難易度が教師により違うことで、その点数の達成度で評価した場合、児童生徒の学力を正しく把握できない」「教師により観点の重みが違う」などがある。

②　集団に準拠した評価（相対評価とも）

　学級又は学年における位置づけを見る評価で、評定に一定の割合を割り振り、各評定によって人数が決められている。

　集団に準拠した評価の問題点は「指導により全員の学力が上がっ

ても、必ずできない（評定で 1 をつける）児童生徒がいる」「児童生徒個人の成績が上がったとしても、全体の成績が上がれば評価に反映されない」「児童生徒が身につけた力が、教師の目指す目標に達していたかどうかを証明していない」「学級と学級、学年と学年、学校と学校、地域と地域の差があるなど相対評価が依拠する『集団』そのものに根本的な問題がある」などがある。

③　個人内評価

　　観点別学習状況の評価や評定には示しきれない児童生徒一人ひとりのよい点や可能性、進歩の状況についての評価である。児童生徒の発達の段階などに応じ、励ましていくことが重要である。指導要録では、個人内評価の結果として「総合所見及び指導上参考となる諸事項」に記入する。

(3)　学習評価に関して学校が作成するもの

①　指導要録

　　学校教育法施行規則第 24 条第 1 項「校長は、その学校に在学する児童等の指導要録を作成しなければならない」、同第 57 条「小学校において、各学年の課程の修了又は卒業を認めるに当たっては、児童の平素の成績を評価して、これを定めなければならない」とあり、学習の記録として学校が作成しなければならない。国は通知により様式例などを示している。なお、指導要録の保存年限は、学籍に関する記録は 20 年、指導に関する記録は 5 年である。

②　通知表

　　児童生徒の学習状況について保護者に対して伝えるものとして、学校が作成する。ただし、法令上の規定や、様式に関して国として例示したものはない。

③　調査書

　　進学のための入学試験や就職に当たり、在籍校から受験先等に対して生徒の学習状況を伝えるために作成する。指導要録が目標に準

拠した評価に改められたことに伴い、各都道府県における高校入試の調査書も、集団に準拠した評価から目標に準拠した評価に随時変わっていった。

14. 学習指導要領

(1) 学習指導要領とは

学習指導要領は、全国どの地域においても国民が一定水準の教育を受けられるように、各学校が編成する教育課程の基準として、各教科などの目標や大まかな教育内容を定めたものである。

学校教育法では、学校の教育課程に関する事項は文部科学大臣が定めることが規定されている。また、学校の教育課程は、学校教育法施行規則により、文部科学大臣が教育課程の基準として公示する「学習指導要領」によることとなっている。このことから、学習指導要領は、法的拘束力を有する。

(2) 学習指導要領の変遷

1945年（昭和20年）に第二次世界大戦が終わり、日本は軍国主義から民主主義へと転換した。1946年（昭和21年）にアメリカから教育使節団が来日して提言を行い、1947年（昭和22年）にその提言を受けて文部省から初の学習指導要領が試案として出された。そして、学習指導要領は、教師が適切に教育課程を編成していくための手引きとなり、教師の自主性が重視された。

最初に出された学習指導要領は、戦後の教育改革の急に迫られて極めて短時間の間に作成されたものであったため、4年後の1951年（昭和26年）に改定をされた。そこでも「経験」「生活」がより強調され、「手引き」「試案」も引き継ぐものであった。

1958〜1960年（昭和33〜35年）改訂の学習指導要領は、初めての文部大臣の告示として出された。また、経験主義や単元学習から、各教科

のもつ系統性を重視するようになった。1958～1960年（昭和33～35年）改訂以降の学習指導要領の変遷は以下のとおりである。

昭和33～35年改訂	**教育課程の基準としての性格の明確化**（道徳の時間の新設、基礎学力の充実、科学技術教育の向上等）（系統的な学習を重視）
	（実施）小学校：昭和36年度、中学校：昭和37年度、高等学校：昭和38年度（学年進行）
昭和43～45年改訂	**教育内容の一層の向上（「教育内容の現代化」）**（時代の進展に対応した教育内容の導入）（算数における集合の導入等）
	（実施）小学校：昭和46年度、中学校：昭和47年度、高等学校：昭和48年度（学年進行）
昭和52～53年改訂	**ゆとりある充実した学校生活の実現＝学習負担の適正化**（各教科等の目標・内容を中核的事項に絞る）
	（実施）小学校：昭和55年度、中学校：昭和56年度、高等学校：昭和57年度（学年進行）
平成元年改訂	**社会の変化に自ら対応できる心豊かな人間の育成**（生活科の新設、道徳教育の充実）
	（実施）小学校：平成4年度、中学校：平成5年度、高等学校：平成6年度（学年進行）
平成10～11年改訂	**基礎・基本を確実に身に付けさせ、自ら学び自ら考える力などの[生きる力]の育成**（教育内容の厳選、「総合的な学習の時間」の新設）
	（実施）小学校：平成14年度、中学校：平成14年度、高等学校：平成15年度（学年進行）
平成15年一部改正	**学習指導要領のねらいの一層の実現**（例：学習指導要領に示していない内容を指導できることを明確化、個に応じた指導の例示に小学校の習熟度別指導や小・中学校の補充・発展学習を追加）
平成20～21年改訂	**「生きる力」の育成、基礎的・基本的な知識・技能の習得、思考力・判断力・表現力等の育成のバランス**（授業時数の増、指導内容の充実、小学校外国語活動の導入）
	（実施）小学校：平成23年度、中学校：平成24年度、高等学校：平成25年度（年次進行）※小・中は平成21年度、高は平成22年度から先行実施
平成27年一部改正	**道徳の「特別の教科」化**「答えが一つではない課題に子供たちが道徳的に向き合い、考え、議論する」道徳教育への転換（実施）小学校：平成30年度、中学校：令和元年度
平成29～30年改訂	**「生きる力」の育成を目指し資質・能力を三つの柱（※）で整理、社会に開かれた教育課程の実現**（※）「知識及び技能」、「思考力、判断力、表現力等」、「学びに向かう力、人間性等」（「主体的・対話的で深い学び」（アクティブ・ラーニング）の視点からの授業改善、カリキュラム・マネジメントの推進、小学校外国語科の新設等）
	（実施）小学校：令和2年度、中学校：令和3年度、高等学校：令和4年度（年次進行）※小・中は平成30年度、高は令和元年度から先行実施

図4-3　学習指導要領の変遷

出典：文部科学省ホームページ　学習指導要領の変遷
https://www.mext.go.jp/a_menu/shotou/new-cs/idea/1304360_002.pdf（2021年4月27日確認））

⑶　2017 〜 2018年 (平成29 〜 30年) 改訂学習指導要領

社会の構造的な変化や子どもたちの状況を踏まえ、この改訂のキーワードとなるのが、Society5.0 (超スマート社会) の到来、AI (人工知能) の飛躍的進化、第4次産業革命である。

① Society (ソサエティー)

Society とは人類がこれまで歩んできた社会のことである。Society1.0 は狩猟社会、Society2.0 は農耕社会、Society3.0 は工業社会、Society4.0 は情報社会、Society5.0 は超スマート社会を指す。

図 4-4 にあるように Society5.0 は、社会情報が溢れている現在 (Society4.0) の課題に対して IoT (Internet of Things：モノのインターネット) や AI などの最新テクノロジーを活用した便利な社会である。

図4-4　Society5.0 で実現する社会

出典：内閣府ホームページ
https://www8.cao.go.jp/cstp/society5_0/ (2021 年 4 月 27 日確認)

② AI (Artificial Intelligence：人工知能)

コンピューターの性能が大きく向上し、機械であるコンピューターが「学ぶ」ことができるようになった。それが現在のAIの中心技術である機械学習である。機械学習をはじめとしたAI技術により、システムやサービスが広がるなど、様々な形でAI技術が社会の中に浸透しつつある。図4-5にあるようにAIの性能が向上することで少なくとも近い将来に、定型的業務や数値的に表現可能なある程度の知的業務は代替可能になると考えられる。

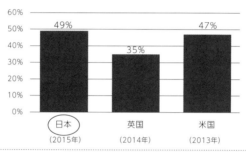

●今後10〜20年後(2025〜2035年)には、日本の労働人口の約49%が、技術的には人工知能やロボット等により代替できるようになる可能性が高いとの推計結果が出ている。

人工知能やロボット等による代替可能性が高い労働人口の割合(日本、英国、米国の比較)

●日本のデータは国内601種類の職業について、従事する一人の業務全てを、高い確率(66%以上)でコンピューターが代わりに遂行できる(=技術的に人工知能やロボット等で代替できる)職種に就業している人数を推計し、それが就業者全体に占める割合を算出。
（※米国及び英国での先行研究と同様の分析アルゴリズムを用いて実施。）
●あくまで、コンピューターによる技術的な代替可能性であり、実際に代替されるかどうかは労働需給を含めた社会環境要因の影響も大きいと想定されるが、本試算ではそれらの要因は考慮していない。

※日本のデータは、株式会社野村総合研究所と英オックスフォード大学のマイケルA.オズボーン、准教授及びカール・ベネディクト・フレ博士との共同研究(2015年)

図4-5　人工知能やロボット等による代替可能性が高い労働人口の割合

出典：株式会社野村総合研究所 News Release を元に文部科学省作成（2015）
https://www.mext.go.jp/b_menu/shingi/chukyo/chukyo4/042/siryo/__icsFiles/afie
ldfile/2017/05/31/1386346_12.pdf（2021年4月27日確認）

③　第4次産業革命
　　第1次産業革命は、18世紀後半蒸気・石炭を動力源とする軽工業中心の経済発展および社会構造の変革。第2次産業革命は、19世紀

後半電気・石油を新たな動力源とする重工業中心の経済発展および社会構造の変革。第3次産業革命は、20世紀後半コンピューターなどの電子技術やロボット技術を活用したマイクロエレクトロニクス革命。第4次産業革命は、IoT や AI、ビッグデータを用いた技術革新のことである。

(4)　なぜ学習指導要領が改訂されるのか

社会の急激な変化の中、将来を予測することが困難な時代を迎えた現在、学習指導要領が改定される意味を、政府広報オンライン「暮らしに役立つ情報」(2019) でわかりやすく説明している。

近年、グローバル化や、スマートフォンの普及、ビッグデータや人工知能（AI）の活用などによる技術革新が進んでいます。10年前では考えられなかったような激しい変化が起きており、今後も、社会の変化はさらに進むでしょう。

海外の専門家の中には、「今後10～20年程度で、半数近くの仕事が自動化される可能性が高い」、「2011年度にアメリカの小学校に入学した子供たちの65％は、大学卒業時に彼らが小学生の頃には存在していなかった職業に就くだろう」などと述べる人もいます。進化した人工知能（AI）が様々な判断を行ったり、身近な物の働きがインターネット経由で最適化されたりする時代が到来し、社会や生活を大きく変えていくとの予測がされています。

このように社会の変化が激しく、未来の予測が困難な時代の中で、子供たちには、変化を前向きに受け止め、社会や人生を、人間ならではの感性を働かせてより豊かなものにしていくことが期待されています。

子供たちが学校で学ぶことは、社会と切り離されたものではありません。社会の変化を見据えて、子供たちがこれから生きていくために必要な資質・能力を踏まえて学習指導要領を改訂しています。

(5)　社会に開かれた教育課程

図4-6にもあるように、新学習指導要領では、よりよい学校教育を通じてよりよい社会を創るという目標を学校と社会が共有し、社会と連携・協働しながら、未来の作り手となるために必要な資質・能力を育む

図4-6　学習指導要領改訂の考え方

出典：文部科学省ホームページ　平成29・30年改訂 学習指導要領、解説等　学習指導要領改訂の考え方
https://www.mext.go.jp/content/1421692_6.pdf（2021年4月28日確認）

「社会に開かれた教育課程」の実現が目指されている。少子高齢化・グローバル化・高度情報化など社会環境の急激な変化の中で、社会の変化を柔軟に受け止め、真に「社会に開かれた教育課程」とするには、変化する社会の中に学校を位置づけ、社会とともに対話し協働して教育課程を作っていくことが必要である。

　社会に開かれた教育課程を実現させるためには「教育課程を介して、よりよい学校を通じてよりよい社会を創るという目標を社会と共有していくこと」「これから社会を創り出していく子どもたちが、求められる資質・能力とは何かを、教育課程において明確化すること」「教育課程の実施に当たって、地域の人的・物的資源の活用、社会教育との連携等社会と共有・連携しながら実現させること」が重要である。

　各学校で教育課程の編成するにあたっては、次の手順を踏まえることが大切である。①図4-7の「育成すべき資質・能力の三つの柱」である

「生きて働く『知識及び技能』の習得」「未知の状況にも対応できる『思考力・判断力・表現力等』の育成」「学びを人生や社会に生かそうとする『学びに向かう力・人間性等』の涵養」を教育課程に明確に示す。②学校教育目標の具現化に向けて、教師一人ひとりがそれぞれ

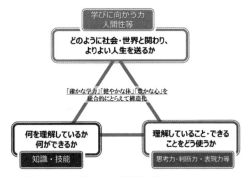

図4-7　育成すべき資質・能力の三つの柱

出典：文部科学省ホームページ　平成29・30年改訂 学習指導要領、解説等　育成すべき資質・能力の三つの柱
https://www.mext.go.jp/content/1421692_7.pdf
（2021年4月28日確認）

の分掌に基づいて計画的に教育課程を見直す。③その教育課程を教育課程検討委員会等で検討し、教科等横断的な視点で教育内容を組織的に配列することを重視して学校全体計画を作成し、実施していく。④それを評価し、改善策を作るという PDCA サイクルを確立させる。

　また、社会に開かれた教育課程を編成するには、学校と地域が連携して未来の創り手となる子どもたちを育てていくという視点に立ち、地域社会と連携を強化させ、地域の人的・物的資源を有効に活用させることが重要である。具体的には次のとおりである。①地域の支援ボランティアを新たに探したり、すでに活用している地域の支援ボランティアに連絡をとったりするなかで、地域の人材を活用して学習支援活動、放課後等支援活動などを推進する。②専門的な知識・技能をもっている地域の人たちを講師として招き、学力の向上の取組を行う。③公立の美術館や博物館や歴史、文化施設などとも連携して学校向けの講座や体験活動を計画していく。④専門的な知識・技能をもっている地域の人たちを講師として招き、授業に協力してもらうなどの取組を行う。

引用・参考文献

中央教育審議会　2019　「児童生徒の学習評価の在り方について（報告）」
https://www.mext.go.jp/component/b_menu/shingi/toushin/__icsFiles/afieldfi
le/2019/04/17/1415602_1_1_1.pdf（2021年4月28日確認）

学校心理士認定委員会　2006　学校心理学ガイドブック　風間書房

兵庫教育大学附属中学校　2014　研究紀要第20集

文部科学省　2021　中央教育審議会答申「令和の日本型学校教育」の構築を目指
して～全ての子供たちの可能性を引き出す、個別最適な学びと、協働的な学
びの実現～」
https://www.mext.go.jp/content/20210126-mxt_syoto02-000012321_2-4.pdf
（2021年4月28日確認）

文部科学省　2021　「令和の日本型学校教育」を担う教師の養成・採用・研修等
の在り方について関係資料
https://www.mext.go.jp/content/20210312-mxt_kyoikujinzai01-000013426-3.pdf
（2021年4月28日確認）

成瀬雅巳　2007　水平的相互作用が中学生の作文の質や情意面に及ぼす影響
兵庫教育大学

奈須正裕　2006　やる気はどこから来るのか　北大路書房

坂本美紀　2006　学習の理論と方法　多鹿秀継・鈴木眞雄編著　発達と学習の
心理学　福村出版　150-162

佐藤学　2005　教育の方法　放送大学教育振興会

政府広報オンライン　2019　暮らしに役立つ情報　2020年度、子供の学びが進
化します！　新しい学習指導要領、スタート！
https://www.gov-online.go.jp/useful/article/201903/2.html（2021年4月28日確
認）

Chapter 5

生徒指導

学校教育の中で、学習指導とともに大きな柱となるのが生徒指導である。社会環境が急激に変化し、将来の予測が困難な時代において、学校ではいじめ等の問題行動、不登校、虐待など、複雑化・困難化した多様な課題を抱えている。本章では、生徒指導の諸問題に対して、問題解決的な見方だけでなく、未然防止、早期発見、早期対応の視点からも広く述べていく。

1. 生徒指導とは

　生徒指導提要（2010）に「生徒指導とは、一人一人の児童生徒の人格を尊重し、個性の伸長を図りながら、社会的資質や行動力を高めることを目指して行われる教育活動のことです。すなわち、生徒指導は、すべての児童生徒のそれぞれの人格のよりよい発達を目指すとともに、学校生活がすべての児童生徒にとって有意義で興味深く、充実したものになることを目指しています。生徒指導は学校の教育目標を達成するうえで重要な機能を果たすものであり、学習指導と並んで学校教育において重要な意義を持つものと言えます」とある。

　ここでは、まず生徒指導の目的が示されている。一言で表現すると生徒指導は、個々の人格形成と有意義で充実した学校生活を目指したものである。その対象は、援助ニーズの高い児童生徒も低い児童生徒も含めた、すべての児童生徒である。そして、生徒指導は学習指導と共に学校教育において重要な位置づけであると述べている。

　また、生徒指導提要では、生徒指導は学習指導などの教育課程内だけでなく、休み時間や放課後など教育課程外でも行われるものであるとしている。そして、一人ひとりの児童生徒の自己指導能力の育成を中心に据えて、全教職員の共通理解を図り、学校としての協力体制・指導体制を築き、学校教育全体で生徒指導に取り組まなければならないことが述べられている。

2．様々な生徒指導

　一般的に生徒指導と言えば、いじめや暴力など、何らかの問題行動を引き起こした児童生徒を教師が指導するというイメージがある。しかし、生徒指導の対象となるのは、すべての児童生徒である。つまり、児童生徒に対して何げなく行われている働きかけの多くは、児童生徒の健全な成長発達を促したり、児童生徒自ら現在及び将来における自己実現を図ったりする生徒指導の働きかけなのである。

　例えば、登校時の朝のあいさつ、廊下ですれ違ったときの声かけ、休憩時間での会話、学習規律を教えること、特別活動の時間に自分の生き方や将来の職業などについて考えさせること、学校行事で協力する大切さを学ぶことなど、生徒指導の働きかけは様々ある。

　日常生活のなかで、当然のように行っている児童生徒への働きかけのほとんどは、意識していなくても生徒指導にあたる。そこで、このような働きかけを、意図的に適切に行っていくことが大切である。

3．生徒指導の分類

　八並（2008）は、図5-1にあるように、対象・時期により生徒指導を、開発的生徒指導、予防的生徒指導、問題解決的生徒指導の３つに分類

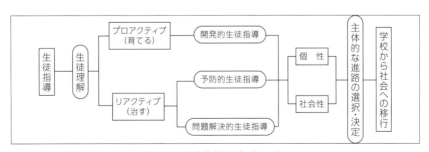

図5-1　生徒指導の実践モデル

出典：八並光俊・國分康孝（2008）新生徒指導ガイド　開発・予防・解決的な教育モデルによる発達援助　図書文化社

した。

(1) 開発的生徒指導

すべての児童生徒を対象とした問題行動の予防や、子どもの個性・自尊感情・社会的スキルの伸長に力点を置いたプロアクティブ（育てる）な生徒指導。集団の中で個を育てる。

(2) 予防的生徒指導

登校をしぶる、保健室に頻繁に行く、早退や欠席が目立ち始めるなど、一部の気になる児童生徒に対して、初期の段階で問題解決を図り、深刻な問題へ発展しないようにする予防するリアクティブ（治す）な生徒指導。個に焦点をあて、個を育てる。

(3) 問題解決的生徒指導

いじめ・不登校・暴力行為・薬物乱用・摂食障害・不安障害など深刻な問題行動や悩みを抱えている特定の児童生徒に対して、学校や関係機関が連携して問題解決を行うリアクティブ（治す）な生徒指導。個に焦点をあて、個を育てる。

4. グループアプローチ

開発的生徒指導、予防的生徒指導においては、事前に意図的計画的に練られたグループアプローチによる指導が中心となる。ここでは、代表的なグループアプローチについて紹介する。

(1) 構成的グループエンカウンター （第3章でも解説）

「エンカウンター」とは「出会う」という意味。グループ体験を通しながら他者に出会い、自分に出会う。人間関係作りや相互理解、協力して問題解決する力などが育成される。集団の持つプラスの力を最大限に引き出す方法といえる。学級作りや保護者会などに活用できる。

(2) ピア・サポート

「ピア」とは児童生徒「同士」という意味。児童生徒の社会的スキルを

段階的に育て、児童生徒同士が互いに支えあう関係を作るためのプログラム。「ウォーミングアップ」「主活動」「振り返り」という流れを一単位として、段階的に積み重ねる。

　児童生徒は、悩んだり、困ったりしたとき、友だちに相談することがもっとも多い。そこで、同世代の仲間による支援が重要な役割を果たすことになる。例えば、いじめに遭ったときに、ピア・サポートが機能すれば、友だちが人的資源となりいじめの解決に大きな力を発揮してくれる。実際に、いじめられている子どもが仲間に相談し、仲間と一緒に解決に向かう中で、自信をつけ、新たな対処法を見つけ、問題を解決させ、仲間の信頼関係をさらに深めたという事例がある。

⑶　ストレスマネジメント

　様々なストレスに対する対処法を学ぶ手法。まずストレスについての知識を学び、その後「リラクセーション」「コーピング（対処法）」を学習する。危機対応などによく活用される。

　藤原（2007）は、学校で使えるリラクセーションとして、10秒呼吸法、自律訓練法、漸進性弛緩法、動作法、さわやかイメージ法の5つの技法を挙げている。学校で活用する場合は、まず教師自らが技法を身につけておくことが必要である。

　ここでは、藤原の10秒呼吸法を参考にして筆者が中学3年生を対象に行ったリラクセーションを紹介する。

　　試験や試合で緊張したことはありませんか。このような時、あなたはどうやって解決をしますか。例えば、「人」という文字を手のひらに書いてそれを飲み込めばよいという方法を聞いたことがあるかもしれませんね。他にも、それぞれいろんなやり方で心を落ち着かせようとしているでしょう。
　　心が緊張しているときは、身体が固くなるとともに、息がつまっている状態になります。胸がしめつけられる感じ（息が詰まった状態）になるのは、心の状態と呼吸とが深いつながりをもっていることをあらわしています。つまり、呼吸が落ち着くことによって気分はおさまると言えるでしょう。今回は、ストレス対処法として「10秒呼吸法」をしてみましょう。この方法は、

いつでもどこでも短時間でできるという利便性があります。
　①姿勢
　　・姿勢を整えます。
　　・椅子の背に軽くもたれ、足を投げ出し気味に、ひざの曲げ方が鈍角になるようにしてください。
　　・両手は手のひらを上にしてひざのうえにのせます。
　　・首は軽くうなだれて、できる人は静かに目を閉じるといいでしょう。
　②10秒呼吸（腹式呼吸）
　　・全部息を吐きます。
　　・123で鼻から息を吸います。（お腹を膨らませるように）
　　・4で息を止めます。
　　・5678910で息を吐き出します。
　　　（口は軽くすぼめて、少しずつ遠くへ吐くように。できる人は、吐く時に嫌なことやイライラも一緒に外に出す感じで。吐きながらお腹をへこませます。）
　　・後は自分のペースで無理なくゆったりと続けていきます。（60秒～90秒）
　　・それでは徐々に自然な呼吸に戻していきます。
　③消去動作
　　・それでは消去動作を行います。
　　・ジャンケンの「グー」「パー」を繰り返します。（腕を前に突き出して手を開いたり閉じたりする動作10回）
　　・ひじの屈伸です。曲げて伸ばしてを繰り返します。（腕をひじから曲げ伸ばしする動作10回）
　　・伸びをして、脱力をします。（手を組んで、思いっきり伸びを2・3回）
「10秒呼吸法」を継続していけば、リラックスできるかもしれません。

⑷　ソーシャルスキルトレーニング
　様々な社会的技能をトレーニングにより育てる方法。「相手を理解する」「自分の思いや考えを適切に伝える」「人間関係を円滑にする」「問題を解決する」「集団行動に参加する」などがトレーニングの目標となる。障害のない児童生徒だけでなく発達障害のある児童生徒の社会性獲得にも活用される。

(5)　アサーショントレーニング

　「主張訓練」と訳される。対人場面で自分の伝えたいことをしっかり伝えるためのトレーニング。「断る」「要求する」といった葛藤場面での自己表現や、「ほめる」「感謝する」「うれしい気持ちをあらわす」「援助を申し出る」といった他者とのかかわりをより円滑にする社会的行動の獲得を目指す。

(6)　アンガーマネジメント

　自分の中に生じた怒りの対処法を段階的に学ぶ方法。「きれる」行動に対して「きれる前の身体感覚に焦点を当てる」「身体感覚を外在化しコントロールの対象とする」「感情のコントロールについて会話する」などの段階を踏んで怒りなどの否定的感情をコントロール可能な形に変える。

(7)　ライフスキルトレーニング

　自分の身体や心、命を守り、健康に生きるためのトレーニング。「セルフエスティーム（自尊心）の維持」「意思決定スキル」「自己主張コミュニケーション」「目標設定スキル」などの獲得を目指す。喫煙、飲酒、薬物、性などの課題に対処する方法である。

(8)　キャリアカウンセリング

　職業生活に焦点を当て、自己理解を図り、将来の生き方を考え、自分の目標に必要な力の育て方や職業的目標の意味について明確になるようカウンセリング的方法でかかわる。

5. 学校カウンセリングの視点を踏まえた子どもの支援

　児童生徒は、学習面、心理・社会面、進路面、健康面などにおいてさまざまな課題を抱えて学校生活を過ごしている。今日、いじめ、不登校、虐待、子どもの貧困などの増加や深刻化が問題となる中、学校カウンセリングの必要性がますます高まっている。そこで、学校カウンセリングを専ら個人的心理的側面に焦点を当てた従来の教育相談の考え方ではな

く、児童生徒をあくまで集団の中の個人として捉える学校心理学の視点から学校カウンセリングの現状と課題について述べる。

(1) **学校心理学によるカウンセリングの定義**

　カウンセリングは、狭く限定すると、カウンセラーあるいはそれに準じた専門家による、問題解決の援助をめざした面接のことである。

　やや広くとらえると、教師やカウンセラーによる、児童生徒への直接的な援助的関わりである。

　広い意味でいうと、学校生活を通して、様々な課題に取り組む過程で出会う問題状況や危機状況の援助を解決し、児童生徒の成長を促進する援助サービスである。

　臨床心理士（公認心理師）によるカウンセリングと教師によるカウンセリングは明らかに違う。しかし、学校ではその違いが理解されないまま教育活動が行われていることで問題が起こるケースが見られる。臨床心理学は病理的心理の治療をめざす知識体系と技法体系の総称である。ところが学校は治療の場ではなく教育の場である。従って学校では、心理療法と教育とは違うことを明確に理解した上で、カウンセリング活動を行うことが大切である。また、スクールソーシャルワーカーが学校現場で活躍しているのも、学校カウンセリングに適した役割を担っているからである。それぞれの役割の違いを表したのが図5-2である。

ソーシャルワーク 生活上の問題解決 生活 環境整備 経済援助 生活援助	学校カウンセリング 心の課題解決 育てる ＋周囲の人への援助 環境整備 すべての子どもが対象 １対１＋グループワーク 心の適応 心の成長・発達	サイコセラピー（心理療法） より深い心の課題解決 治療 サイコセラピスト 心の障害 １対１ 心の深層 人格の変容
土台【人　の　心　に　か　か　わ　る】		

図5-2　カウンセリングの違い

(2)　教師のカウンセリング対話と指導対話 (日常生活) の違い

　カウンセリングでは相手の心情や状況を理解した上で相手の成長に役立つ対応を工夫する。一方、教育は児童生徒の社会化に関心があるので、現実原則を学習させるために、禁止、指示、教訓などの指導対話を行うこともある。教師は、どちらか一方に偏向するのではなく、その場の状況に応じて、図5-3にしめすようにカウンセリング対話と指導対話を意識的に使い分けることが必要である。また、カウンセリング対話も指導対話もその土台にあるのは人権尊重の精神であり、一人ひとりの児童生徒を大切にする気持であることは言うまでもない。

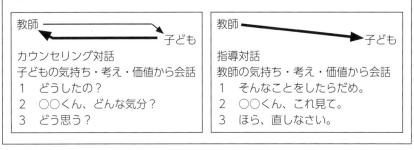

図5-3　カウンセリング対話と指導対話の違い

(3)　学校カウンセリングの課題

　学校カウンセリングの抱える課題は、次のように整理できる。

①学校現場では、カウンセリングについて十分に理解されているとはいえず、教師とスクールカウンセラーの違い、役割も明確に認識されていないところがある。

②カウンセリングは健全な人を対象とし、サイコセラピー (心理療法) は病的な人を対象とするが、その違いがわからずに教師が対応しようとする。

③カウンセリングはアドバイスをせず、受容すること、ただ傾聴するだけのものという誤った認識があることで、禁止、指示、教訓など

で現実原則を学習させるという面を軽視するところがある。

④カウンセリングは、現実場面では役に立たないという批判がある一方、カウンセリングによってすぐに児童生徒が変容するといった過度の期待感もある。

⑤治療的カウンセリングをカウンセリング活動である考え、開発的予防的カウンセリングの工夫開発が十分にできていない。

⑥従来のカウンセリングでは、専門機関などの日常生活を離れた場で、カウンセラーとクライエントが1対1で対話を重ねるという方法が行われてきたが、学校カウンセリングでは、相談室を使ったとしても、その部屋を一歩出ると学校という日常生活の場になることである。

⑦相談として語ることのできない子ども、相談室に自分から行けない子どもにも、広く援助的に関わっていくことが学校現場では求められている。

⑧カウンセリング場面では、教師が自己肥大を起こし、子どもや保護者に対して教師自身が解決してあげようという気持ちが強くはたらくことがある。共感ではなく同情をしてしまい自分の気持ちをかぶせてしまう危険性がある。

⑨一般のカウンセリングでは、知らない人同士の出会いであり、カウンセリング場面においてのみ成り立つ人間関係であるが、学校現場では教師と子どもは日常的に接触している。

⑩カウンセリングでは、基本的に対等の関係が求められているが、教師と子どもの場合は、教える者と教えられる者の関係である。そのため、相談にきた子どもに対して教師として接する面とカウンセラーとして接する面の両方の役割を演じなければならない。

⑪1対1の個別面接では広く児童生徒の援助をする時間がなく、また、その場所も保障されていない。

⑷　カウンセリング技法 (言語的技法)

　カウンセリングの考え方は 400 をこえるといわれている。その中で学校において活用しやすいカウンセリングの考え方として、来談者中心療法、認知カウンセリング、認知行動療法、ユング派心理療法、ブリーフカウンセリング、構成的グループ・エンカウンター、マイクロカウンセリング、アクティブカウンセリングなど様々ある。学校でのカウンセリングは一つの理論にとらわれずに、これらの諸理論を幅広く参考にしながら、学校システム全体を視野に入れた予防的、未来志向的、発達的なカウンセリングが学校カウンセリングの中核になることが望ましい。

　上記のことは専門的な課題となるが、少なくも教師は、好ましいコミュニケーションの技法と態度を身につけていることが必要である。

　そこで、教師にとって身につけておきたいカウンセリングの言語的技法について紹介する。

①　つながる言葉かけ

　　いきなり本題から始めるのではなく、まず相談に来た労をいたわったり、相談に来たことを歓迎したりする言葉かけ、心をほぐすような言葉かけを行う。

　　例「来てくれてありがとう」「待ってたよ」「緊張したかな」など

②　傾聴

　　丁寧かつ積極的に相手の話に耳を傾ける。よくうなずき、受け止めの言葉を発し、時にこちらから質問する。

　　例「そうなの」「なるほど」「大変だったね」など

③　受容

　　児童生徒の身になって話を聴き、相手の思考の枠組みを尊重して、そのなかで相手を積極的に理解しようとする。教師自身がその児童生徒のことをどう感じているかという枠組みでは聴かない。反論したくなったり、批判したくなったりしても、そうした気持ちを脇において、児童生徒のそうならざるを得ない気持ちを推し量りな

がら聴く。

　つまり、教師自身の準拠枠から離れ、児童生徒の準拠枠に立つことが大切になってくる。準拠枠とは、感じ方、考え方、価値観、態度、行動などを評価・決定する場合に、照合したり拠りどころにしたりする個人的な内的な枠組みのことである。個人の内的な枠組みは、個人の主観的な内的世界であり、過去の経験の中から形づくられている。人は誰しも自分の準拠枠に立って相手を見、評価しているが、カウンセリング場面では、相手の準拠枠に立って、相手がおかれている状況を、あたかも相手が見、感じ、考えているように自分も見、感じ、考えることが求められる。

④　繰り返し

　相手の話を聴いて、その内容をそのまま返す。児童生徒がかすかに言ったことでも、こちらが同じことを繰り返すと、自分の言葉が届いているという実感を得て児童生徒は自信を持って話すようになる。児童生徒の言葉を批判も判断もせず聴くことで、安心感が生まれ信頼関係を深めていく。

　繰り返すことで、話が進み新しい情報が得られたり、自分で言ったことを客観的に受け止めたりすることができる。

　　例　児童生徒「もう少し強くなりたい」

　　　　教員「うん、強くなりたい」など

⑤　感情の伝え返し

　不適応に陥る場合には、自分の感情をうまく表現できない場合が少なくない。少しでも感情の表現が出てきたときには、同じ言葉を児童生徒に返し、感情表現を応援する。

　　例　児童生徒「一人ぼっちで寂しかった」

　　　　教員「寂しかった」など

⑥　明確化

　まだ言葉にしていないこと、うまく表現できないことを言語化し

て心の整理を手伝う。単に発した言葉ではなく、そのときの感情や体験の意味、さらに深い心の動きに焦点を当てて力動的に理解し、重要な部分を浮き彫りにしていく。ただし、明確化を誤った場合、児童生徒に不信感を抱かれたり、面接が混乱したりすることもある。適切に用いられた場合でも、介入に対する抵抗が生じることがある。

　例　「君としては、こんなふうに思ってきたんだね」など

⑦　質問

　話を明確化する時、意味が定かでない時に確認する場合、より積極的に聴いているよということを伝える場合などに質問を行う。

　質問には、閉ざされた質問（closed question）と開かれた質問（open question）がある。

　閉ざされた質問は、「はい」「いいえ」だけで答えられる質問で、児童生徒に対して無用な緊張感をもたらさずに円滑な関係づくりを促進させる。面接の初期にはとくに有用である。

　開かれた質問は、自分のことを自由に語ることが求められる質問である。「なぜ？」と聞く質問は、過去に目が向けられる。問い詰められる感じがするときもある。「どう思う？」と聞く質問は、気持ち、考えを聞いていて、今、未来に目が向けられる。質問をするときは、どういう性質をもっているのか、その意味を自覚して質問することが大切である。

　閉ざされた質問と開かれた質問を適切に織り交ぜながら質問していくが、質問が多すぎると相手に対して過重な負担を強いることになる。興味本位に聞かれているというような印象を与えかねないので注意する。

⑧　自己解決を促す

　本人の自己解決力を引き出す。

　カウンセリングとは、悩みを解決してあげることではない。解決

は本人しかできない。悩みを肩がわりすることでもない。児童生徒がつらい気持ちを持ち続けられるように援助することである。悩みの意味をともに考え、主体的な問題解決のプロセスを援助することである。

　　例「君としては、これからどうしようと考えている？」

　　　「今度、同じことが生じたとき、どうしようと思う？」など

　　以上①〜⑧の言語的技法を用いて話をするときに、声の調子にも十分に注意することが必要である。話すスピードがあまりにゆっくりであると、相手は関心を持たれていないと感じるかもしれない。逆に、早口で甲高い声で話されると、非難されているように捉えるかもしれない。相手の様子をよく見ながら、適切な声の大きさ、高さ、速さで話すことが必要である。

(5)　カウンセリング技法 (非言語的技法)

　カウンセリング技法には、もう一つ非言語的技法がある。カウンセリングでは、無意識のうちに非言語で相手にメッセージを伝えている場合がある。ここでは、非言語的コミュニケーションについて見ていく。

　①　視線

　　視線は重要なコミュニケーションとなる。視線の合わせ方は、凝視するのではなく、「聴いています」というメッセージが児童生徒に伝わるような視線を心がける。児童生徒から教師の視線も見られていることを忘れてはいけない。また、児童生徒の感情の動きやそのときの心の状態が、よく視線の変化に現れるので注意する。

　②　表情や姿勢

　　眉間にしわを寄せたり、腕を組んだりした表情や姿勢は、児童生徒に「怖い」「話しにくい」という印象を与える。児童生徒が安心して話せるように、リラックスした表情や姿勢で話を聴くことが大切である。

　　表情は、場の空気、話の流れに合った、場面にふさわしい表情が

望ましい。

③　その他

・話すときの距離が近すぎると、自分の個人空間（パーソナルスペース）に侵入される恐怖を感じ、それに対する拒否反応が見られることがある。児童生徒との関係にふさわしい程度に調整することが必要である。

・児童生徒に対して敬意を払うことが大切である。だらしない服装、時間を守らないということがないように注意する。

6. いじめ（生徒指導上の課題）

(1)　いじめの認知（発生）率の推移

　図5-4は、いじめの認知（発生）率の推移（1,000人当たりの認知件数）である。このグラフでは、1994年度（平成6年度）、2006年度（平成18

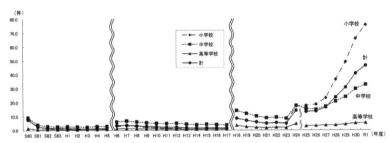

（注1）平成5年度までは公立小・中・高等学校を調査。平成6年度からは特殊教育諸
学校、平成18年度からは国私立学校を含める。
（注2）平成6年度及び平成18年度に調査方法等を改めている。
（注3）平成17年度までは発生件数、平成18年度からは認知件数。
（注4）平成25年度からは高等学校に通信制課程を含める。
（注5）小学校には義務教育学校前期課程、中学校には義務教育学校後期課程及び
中等教育学校前期課程、高等学校には中等教育学校後期課程を含む。

図5-4　いじめの認知（発生）率の推移（1,000人当たりの認知件数）

出典：文部科学省初等中等教育局児童生徒課（2020）令和元年度 児童生徒の問題行動・
不登校等生徒指導上の諸課題に関する調査結果について
https://www.mext.go.jp/content/20201015-mext_jidou02-100002753_01.pdf（2021
年4月28日確認）

年度）、2013 年度（平成 25 年度）に波線が引かれ、（注 2）で平成 6 年度
及び平成 18 年度に調査方法を改めているとある。また、2013 年度（平成
25 年度）以降いじめの認知率が急激にあがっていることが読み取れる。
そこで、調査方法をどのように改めたのか、認知率がどうしてあがった
のかを、いじめの定義の変遷をとおして考える。

(2) いじめの定義の変遷 I

　1986 年度（昭和 61 年度）、1994 年度（平成 6 年度）、2006 年度（平成 18
年度）のいじめの定義は「児童生徒の問題行動等生徒指導上の諸問題に
関する調査」（文部科学省）における定義のことである。

　1986 年度（昭和 61 年度）からのいじめの定義は「自分より弱い者に対
して一方的に、身体的・心理的な攻撃を継続的に加え、相手が深刻な苦
痛を感じているものであって、学校としてその事実（関係児童生徒、い
じめの内容等）を確認しているもの。なお、起こった場所は学校の内外
を問わないもの」としている。

　1994 年度（平成 6 年度）からのいじめの定義は「自分より弱い者に対
して一方的に、身体的・心理的な攻撃を継続的に加え、相手が深刻な苦
痛を感じているもの。なお、起こった場所は学校の内外を問わない。な
お、個々の行為がいじめに当たるか否かの判断を表面的・形式的に行
うことなく、いじめられた児童生徒の立場に立って行うこと」と改めら
れた。

　前回の定義との変更点は「学校としてその事実（関係児童生徒、いじ
めの内容等）を確認しているもの」が削除されていることである。これ
は、いじめが見えにくいところで発生しており、児童生徒たちが教師や
大人に訴える場合ばかりではないという実態に対応するものである。ま
た「個々の行為がいじめに当たるか否かの判断を表面的・形式的に行う
ことなく、いじめられた児童生徒の立場に立って行うこと」が新たに追
加された。

　図 5-4 で 1994 年度（平成 6 年度）にいじめの発生率が少しあがったの

は、「学校としてその事実を確認しているもの」が削除されたことが影響していると考えられる。

　2006年度（平成18年度）からのいじめの定義は「個々の行為が『いじめ』に当たるか否かの判断は、表面的・形式的に行うことなく、いじめられた児童生徒の立場に立って行うものとする。『いじめ』とは、『当該児童生徒が、一定の人間関係のある者から、心理的、物理的な攻撃を受けたことにより、精神的な苦痛を感じているもの』とする。なお、起こった場所は学校の内外を問わない」と改訂された。

　前回の定義との変更点は「自分より弱い者に対して一方的に」という力関係の基準となる文言、「継続的」「深刻な」という時間や程度を表す文言を削除したことである。これは、いじめの問題が多様化し、暴力や暴言等によるものだけがいじめであると判断するのではなく、仲間はずれのように排除したり無視したりすることやインターネット・携帯電話を使ったものもいじめであることを表している。また、「継続的」「深刻な」場合でなければいじめではないとする「表面的・形式的」な判断ではなく、「いじめられた児童生徒の立場に立って行うこと」をより明確に求めている。それは、前回の「攻撃を継続的に加え」を「攻撃を受けたことにより」と表現を改めたことで、より被害者側の立場から捉えていることからもわかる。これにより、児童生徒が、一定の人間関係のある者から1回でも、深刻でないものでも、精神的な苦痛を感じていれば、いじめにはいるということになる。

　なお、2006年度（平成18年度）調査から、これまでのいじめの発生件数であったのが、いじめの認知件数に変更した。これは、いじめが発生していなくても疑わしいものであれば件数としてあげるものであり、図5-4で2006年度（平成18年度）に件数の割合が上がったのは、当然の結果といえる。

(3)　いじめの定義の変遷Ⅱ

　2013年度（平成25年度）からのいじめの定義は「いじめ防止対策推進

法」という法律の定義に改められた。

　この法律が成立する契機となったのが、2011年（平成23年）10月11日に滋賀県大津市の中学2年生で起こったいじめによる自殺である。最初の報道はマンションからの転落死という20行程度の記事であった。しかし、次の年の2012年（平成24年）7月4日の新聞各紙において、前年11月の記者会見では公表されなかったいじめの具体的な内容などに関する報道がなされたのを境にして、メディアの報道は大きく変わり、社会問題に発展していった。2013年（平成25年）2月には、教育再生実行会議第1次提言会で、「社会総がかりでいじめに対峙していくための基本的な理念や体制を整備する法律の制定が必要」とされ、その後法整備が速やかに進められた。そして、2013年（平成25年）6月28日に「いじめ防止対策推進法」公布、同年9月28日に施行された。また、同年10月に文部科学省が「いじめの防止等のための基本的な方針」を策定し、それを受けて各都道府県教育委員会で「地方いじめ防止基本方針」、各学校で「学校いじめ防止基本方針」が策定された。さらに2017年（平成29年）3月に「いじめの防止等のための基本的な方針」を改定し、「いじめの重大事態の調査に関するガイドライン」を新たに策定した。それを受けて、各都道府県教育委員会で「地方いじめ防止基本方針」、各学校で「学校いじめ防止基本方針」が改定された。

　いじめ防止対策推進法第2条第1項でのいじめの定義では「児童等に対して、当該児童等が在籍する学校に在籍している等当該児童等と一定の人的関係にある他の児童等が行う心理的又は物理的な影響を与える行為（インターネットを通じて行われるものを含む。）であって、当該行為の対象となった児童等が心身の苦痛を感じているものをいう」とある。

　2006年度（平成18年度）からのいじめの定義から修正された点は、前回「心理的、物理的な攻撃を受けたことにより」としてきたところを、「心理的又は物理的な影響を与える行為（インターネットを通じて行われるものも含む。）であって」とした。ここで「攻撃」という文言を削除したこ

とについては、国会衆議院文部科学委員会で、攻撃とした際に、無視やからかいという広い範囲のものが読み込めるかという難しさが生じることから、「影響を与える行為」とした旨の説明が行われた。また、インターネットの掲示板に書き込みをされるなど、本人がいじめの存在を全く知らない場合は、本人にとっては「心身の苦痛を感じているもの」にはあたらないが、「いじめの防止等のための基本的な方針」において、「例えばインターネット上で悪口を書かれた児童生徒がいたが、当該児童生徒がそのことを知らずにいるような場合など、行為の対象となる児童生徒本人が心身の苦痛を感じるに至っていないケースについても、加害行為をした児童生徒に対する指導等については法の趣旨を踏まえた適切な対応が必要である」としている。

　図5-4で2013年度（平成25年度）以降の認知率が急激に上がったのは、いじめの定義が調査から法律の定義へと変わったこと、いじめを初期段階のものも含めて、これまではいじめと認知されていなかったことなどを積極的に認知するように文部科学省や教育委員会が指導したこと、学校現場でいじめ認知について浸透したことなどが考えられる。

　いじめの認知率が多くなるのは、次のことからも理解できる。

①「国立教育政策研究所生徒指導・進路指導センター　いじめ追跡調査2013-2015」の小中学生への6年間のいじめの追跡調査では、「仲間はずれ、無視、陰口」された経験がある9割、「仲間はずれ、無視、陰口」した経験がある9割となっている。このことから、いじめはどの学校でもどの子どもでも起こりうることであると捉えることができる。

②文部科学省が、いじめの定義の解釈を明確化するための具体例では「ごく初期段階のいじめ」として「AさんはBさんから滑り台の順番を抜かされて悲しい顔をしていることが度々ある」を挙げている。また、「好意から行ったが、意図せず相手を傷つけた場合」として「AさんはBさんに『もっと友達と積極的に話した方がいいよ。』と助

言をしたつもりだったが、対人関係に悩んでいたＢさんは、その言葉で深く傷ついた」というのを挙げている。このことから日常生活で起こる様々な出来事も、いじめのケースとして捉えられる場合がある。

③図5-5にある「1,000人当たりの都道府県別の認知件数」をみると、一番多い宮崎県が122.4件、一番少ない佐賀県が13.8件となるなど、地域により認知件数に大きな差があることがわかる。この差は、宮崎県で多くいじめが発生しているということではなく、より積極的にいじめを認知しようという結果である。

2015年（平成27年）8月17日付け児童生徒課長通知で「文部科学省としては、いじめの認知件数が多い学校について、『いじめを初期段階のものも含めて積極的に認知し、その解消に向けた取組のスタートラインに立っている』と極めて肯定的に評価する。いじめを認知

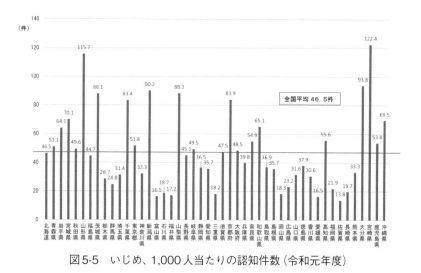

図5-5　いじめ、1,000人当たりの認知件数（令和元年度）

出典：文部科学省初等中等教育局児童生徒課（2020）いじめ問題の対応について
https://www.pref.nagano.lg.jp/kyoiku/kyoiku/shido/documents/1_gyouseisetumei.
pdf（2021年4月28日確認）

していない学校にあっては、解消に向けた対策が何らとられること
なく放置されたいじめが多数潜在する場合もあると懸念している」
とある。この考え方が教育委員会、学校に浸透し、全体として認知
率が上がったと考えられる。

⑷ いじめを許さない学校づくり

① 組織的な対応

　いじめは人権侵害であり、人として決して許される行為ではな
い。しかし、いじめは全ての児童生徒に関係し、全ての学校で起こ
り得るものである。このことを教職員一同が共通認識していじめを
許さない学校づくりに取り組んでいかなければならない。

　まず指導体制を構築するにあたり、教職員が「いじめ防止対策推
進法」「学校いじめ防止基本方針」を熟知する必要がある。そして、
いじめ防止を学校の重点目標に位置づけて、いじめ防止に向けての
組織的な取組をしていかなければならない。そして、いじめ防止に
ついて学校評価項目に入れて改善を図ることが大切である。

　いじめ防止対策推進法22条には「学校は、当該学校におけるいじ
めの防止等に関する措置を実効的に行うため、当該学校の複数の教
職員、心理、福祉等に関する専門的な知識を有する者その他の関係
者により構成されるいじめの防止等の対策のための組織を置くもの
とする」とある。このように「いじめ防止等の対策のための組織」が
法律上義務づけられており、学校では実効性のある組織づくりが求
められている。組織のメンバーには、管理職、生徒指導担当、養護教
諭、スクールカウンセラー、スクールソーシャルワーカーなどは、
重要な役割を担っているが、それ以外でも学校の実情に応じてメン
バーの編成をすることが大切である。

　また、いじめ防止対策推進法28条第1項では「いじめにより当該
学校に在籍する児童等の生命、心身又は財産に重大な被害が生じた
疑いがあると認めるとき」「いじめにより当該学校に在籍する児童

等が相当の期間学校を欠席することを余儀なくされている疑いがあると認めるとき」を重大事態とし、「学校の設置者又はその設置する学校は、その事態に対処し、及び当該重大事態と同種の事態の発生の防止に資するため、速やかに、当該学校の設置者又はその設置する学校の下に組織を設け、質問票の使用その他の適切な方法により当該重大事態に係る事実関係を明確にするための調査を行うものとする」とある。このように重大事態の場合も、学校又は学校の設置者の置く調査組織が法律上義務づけられている。そして、被害児童生徒・保護者の「いじめの事実関係を明らかにしたい」という思いを理解して対応に当たり、調査結果の説明を適切に行うことが必要である。

　文部科学省の資料では、組織的な対応について図5-6のように示している。

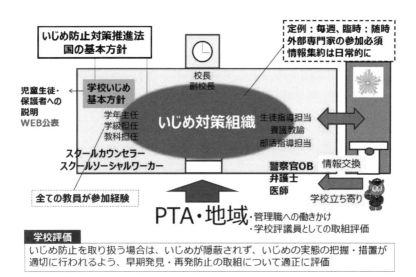

図5-6　組織的に対応する学校（イメージ）

出典：文部科学省初等中等教育局児童生徒課 (2020) いじめ問題の対応について
https://www.pref.nagano.lg.jp/kyoiku/kyoiku/shido/documents/1_gyouseisetumei.pdf
（2021年4月28日確認）

② 　未然防止

　いじめの予防という観点に立ち、「いじめを起こさない学校づくり」を行うことが必要である。具体的には、「全ての教育活動を通じた道徳教育及び体験活動などの充実を図り、生命を尊重する態度を養うこと」「学級などの集団の中で、一人ひとりを大切にし、相互に認め合い助け合える人間関係作りを行い、人間的なふれ合いを通して心の絆を深めること」が大切である。そのために、前述のグループアプローチは有効な方法となる。

　また、インターネット上で特定の児童生徒に対する誹謗・中傷が行われるなどの「ネット上のいじめ」という新しい形のいじめ問題が生じている。その対応として、インターネットの特殊性による危険や児童生徒が陥りやすい心理を踏まえた指導など、情報モラル教育の充実を行わなければならない。そこでは、教師の指導能力の向上と保護者への啓発が求められる。

③ 　早期発見

　いじめアンケートなどを定期的に実施する。児童生徒が書いたアンケートの内容については、きめ細かく読み取り、いじめを見抜き、改善策がとれるようにする。また、アンケートだけに頼るのではなく、日常の子どもとのふれ合いをとおして、子どもがささいなシグナルを見逃さない力を教師が身につけ、学校の教職員、保護者、地域など複数の目から見た情報がすぐに入るような組織にしていかなければならない。学級や児童生徒理解には、第3章のＱ−Ｕも有効な方法である。

④ 　早期対応

　いじめを発見したときには、決して教師一人で抱え込むのではなく、「いじめの防止等の対策のための組織」を素早く開き、情報を共有し、組織的な対応を行うことが必要である。また、保護者や関係機関とも連携して取り組んでいかなければならない。「いじめの防

止等の対策のための組織」は、いじめが確認されたときだけでなく、定期的に会議を開催していくことも大切である。

7. 不登校（生徒指導上の課題）

(1) 不登校をめぐる認識の変化

　不登校が確認された 1950 年代には、学校を長期に休むことは問題行動であり怠学とみなされていた。その後、不登校は神経症的な症状のある学校恐怖症、単に学校がいやだと感じる学校ぎらい、登校をすることを渋る登校拒否と呼ばれるようになった。そして、1980 年代頃から学校に行けない、行かない児童生徒が増加していき、大きな社会問題となっていった。1990 年代になると、学校に登校できないのは個人的内面的問題というよりは、学校側の指導、学業成績、対人関係の問題など、多様な要因で引き起こされるケースが増えてきた。「学校へ行かないことは、学校をきらうわけでも、拒否するわけでもなく、行きたくても行くことができない」と捉えられ、1997 年（平成 9 年）に文部科学省は呼称を不登校に統一した。また、学校基本調査でもそれまで使っていた学校ぎらいという名称から不登校という表現に変わった。

(2) 不登校児童生徒の割合の推移

　図 5-7 は、不登校児童生徒の 1,000 人当たりの人数の推移である。ここでいう不登校の定義は「何らかの心理的、情緒的、身体的あるいは社会的要因・背景により、児童生徒が登校しないあるいはしたくともできない状況にある者（ただし、「病気」や「経済的理由」による者を除く。）」である。この調査では、不登校で年度間に連続又は断続して 30 日以上欠席した児童生徒数の 1,000 人当たりの人数をあげている。

　図 5-7 からもわかるように小学校も中学校も 2012 年度（平成 24 年度）以降上昇傾向にある。不登校児童生徒の割合は、小学校で 0.83%（120 人に 1 人）、中学校で 3.94%（25 人に 1 人）となっている。中学校では学級

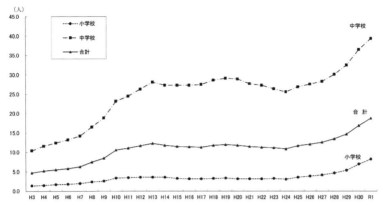

（注）調査対象：国公私立小・中学校（小学校には義務教育学校前期課程，中学校には義務教育学校後期課程及び中等教育学校前期
　　　課程，高等学校には中等教育学校後期課程を含む。）

図5-7　不登校児童生徒の割合の推移（1,000人当たりの不登校児童生徒数）

出典：文部科学省初等中等教育局児童生徒課（2020）令和元年度 児童生徒の問題行動・不
登校等生徒指導上の諸課題に関する調査結果について
https://www.mext.go.jp/content/20201015-mext_jidou02-100002753_01.pdf（2021年
4月28日確認）

に最低1人以上不登校生徒がいる状態である。

　図5-7の調査を受け、2020年（令和2年）10月文部科学省の「令和元
年度 児童生徒の問題行動・不登校等生徒指導上の諸課題に関する調査
結果及びこれを踏まえた対応の充実について（通知）」の中の「不登校児
童生徒への支援の充実について」では、次のように述べている。

> 　今回の調査結果によると、小・中学校の在籍児童生徒数が減少している
> にもかかわらず、不登校児童生徒数は7年連続で増加し、55.6％の不登校児
> 童生徒が90日以上欠席しているなど、憂慮すべき状況にある。各学校及び
> 教育委員会等にあっては、効果的な不登校支援につなげるためにも、個々の
> 不登校児童生徒の不登校のきっかけや継続理由についての的確な把握に努
> めるとともに、不登校が増加している要因についても分析に努めること。

⑶ 不登校児童生徒への対応策の転換

　このように不登校児童生徒の割合が増えている状況の中で、2016年（平成28年）12月に不登校児童生徒への支援について初めて体系的に定めた「義務教育の段階における普通教育に相当する教育の機会の確保等に関する法律」（教育機会確保法）が成立し、2017年（平成29年）2月より施行された。

　教育機会確保法第2条では、不登校児童生徒について「相当の期間学校を欠席する児童生徒であって、学校における集団の生活に関する心理的な負担その他の事由のために就学が困難である状況として文部科学大臣が定める状況にあると認められるものをいう」と定義している。図5-7の調査では、不登校の児童生徒は、年度間に連続又は断続して30日以上欠席した者としていたが、教育機会確保法では、30日未満であっても、個々の児童生徒の状況に応じて適切に支援するために柔軟に取り扱っている。

　また、第8条〜第13条では、「国及び地方公共団体は、以下の措置を講じ、又は講ずるよう努める」こととなった。

- ・全児童生徒に対する学校における取組への支援に必要な措置
- ・教職員、心理、福祉等に関する専門的な知識を有する者その他の関係者間で共有することを促進するために必要な措置
- ・不登校特例校及び教育支援センターの整備並びにそれらにおける教育の充実等に必要な措置
- ・学校以外の場における不登校児童生徒の学習活動、その心身の状況等の継続的な把握に必要な措置
- ・学校以外の場での多様で適切な学習活動の重要性に鑑み、個々の休養の必要性を踏まえ、不登校児童生徒等に対する情報の提供等の支援に必要な措置

　さらに14条・15条では、夜間等において授業を行う学校における就学の機会の提供等が定められている。

　教育機会確保法を受けて、2019年（令和元年）10月に文部科学省の発

出した「不登校児童生徒への支援の在り方について（通知）」では、「不登校児童生徒への支援は、『学校に登校する』という結果のみを目標にするのではなく、児童生徒が自らの進路を主体的に捉えて、社会的に自立することを目指す必要があること」と記され、学校復帰を前提にした従来の不登校対策から児童生徒の社会的自立を目指すことへと転換している。また、この通知では不登校が生じないような学校づくりとして、①魅力あるよりよい学校づくり、②いじめ、暴力行為等問題行動を許さない学校づくり、③児童生徒の学習状況等に応じた指導・配慮の実施、④保護者・地域住民等の連携・協働体制の構築、⑤将来の社会的自立に向けた生活習慣づくりを挙げている。

⑷　不登校児童生徒理解

　次の事例をとおして、不登校児童生徒に対して教師はどのように支援をしていけばいいのかを考えてみる。

　中学1年生A（男子）さんは、5月の連休明けから学校に来なくなった。学級担任はすぐに家庭訪問をするが、Aさんは休んだ原因を言わない。休んで一週間が経過したとき、心配になった母親が近くのクラスメイトのところに行き、子ども（Aさん）に何か学校で変わったことはなかったと聞いたところ、「休む前の日に、教室で友だち数名とふざけて遊んでいたAさんたちを、学級担任が厳しくしかっていた」という返答があった。母親は早速教頭に「学級担任を指導してほしい」と連絡をした。その後、教頭から話を聞いた学級担任は、「いつものように指導したつもりだったが、Aさんが厳しく指導されていると感じているなら謝罪をする」と母親に直接申し出た。母親の同意を得て担任は、家庭訪問をしたが、直接Aさんに会うことはできず、母親を通じてAさんに謝罪をした。

　これで問題は解決したように見えたが、その後もAさんは登校しなかった。学校は支援委員会を開き、学級担任だけでなく、Aさんと関係のある他の先生やスクールカウンセラーとも連携しながら、少しずつAさんとのつながりを深めていくことを決めた。そして、半年後に元気に学校に登校するようになった。

別府 (2020) の言葉を引用して説明すると、この事例のポイントは、「原因」と「きっかけ」と「要因」は違うということである。親も教師もなぜ休むようになったのか不安になり、まず原因 (物事を引き起こす元となるもの) を探そうとする。しかし、原因というのは本人も周りの人もわからないことが多い。不登校解決で大切なことは、原因を探すことではない。人は誰でも、辛いこと、嫌なこと、悲しいことなど、たくさんのことを経験するが、うまく折り合いをつけたり忘れたりすることで、心にため込まずに過ごしている。しかし、これらの経験をそのまま心にため込んでしまえば、やがて心もコップの水があふれるような状態になってしまう。不登校の児童生徒は、一滴一滴ためこんでしまい、コップの表面張力で膨らんだようなぎりぎりの状態に心がなっている。そこに一滴が落ちてしまうと心の水があふれ、不登校になってしまう。つまり、この事例でいうと先生に厳しくしかられたことは、心がぎりぎりの状態のときに落ちた一滴であり、それがきっかけとなって不登校になった。しかし、原因とみられた担任の先生が謝罪しても状況は変わらなかったことから、担任の先生の指導は、きっかけであり原因とまではいえないのである。そもそも生徒自身は原因について自分から話をしていない。きっかけとは「昨日友だちとけんかした」「今日の授業は嫌いな教科がある」「寝坊してしまった」など様々である。そこで大切なことは、きっかけだけに集中するのではなくて、そもそもたまっているのは何だろうという要因 (原因がいくつか集まったもの) の分析に集中をすることである。分析するには、まず相手をわかろうとすること。それが問題解決の手立てを探すことにつながる。

8. 児童虐待 (生徒指導上の課題)

(1) 児童虐待とは
　児童虐待の定義は、児童虐待の防止等に関する法律 (児童虐待防止法)

第2条にあり、保護者がその監護する児童（18歳に満たない者）について行う4つの行為に分類される。ここでは、児童虐待防止法の分類に沿って説明する。

① 身体的虐待

　児童の身体に外傷が生じ、又は生じるおそれのある暴行を加えること。外側からは簡単に見えないような場所に外傷があることも多くある。

② 性的虐待

　児童にわいせつな行為をすること又は児童をしてわいせつな行為をさせること。

③ ネグレクト

　児童の心身の正常な発達を妨げるような著しい減食又は長時間の放置、保護者以外の同居人による身体的虐待や性的虐待の放置、その他保護者としての監護を著しく怠ること。例えば、重大な病気になっても病院に連れて行かない、下着など長期間ひどく不潔なままにする、児童を置き去りにするといった行為などを指す。また、ネグレクトの一種として児童を学校に通学・通園させない、いわゆる教育ネグレクトという形態もある。

④ 心理的虐待

　児童に対する著しい暴言又は著しく拒絶的な対応、児童が同居する家庭における配偶者に対する暴力その他の児童に著しい心理的外傷を与える言動を行うこと。児童の存在を否定するような言動が代表的だが、兄弟姉妹との間に不当なまでの差別的な待遇をする場合もある。また、配偶者や、その他の家族に対する暴力や暴言を児童に見せ、苦痛を与えてしまう行為も心理的虐待となる。

(2) 児童相談所での児童虐待相談対応件数

　図5-8によれば、児童虐待の対応件数は統計を取り始めた1990年度（平成2年度）以降増え続けており、2019年度（令和元年度）に全国215か所

の児童相談所が児童虐待相談として対応した件数は193,780件で過去最多を更新した。

表5-1によれば、児童虐待の内容別件数では、心理的虐待が2013年度（平成25年度）以降一番多くなり、2019年度（令和元年度）には、109,118件となっている。

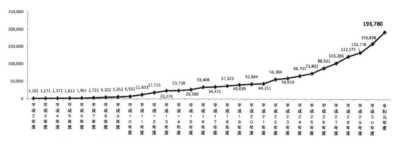

図5-8　児童相談所での児童虐待相談対応件数とその推移

（注）平成22年度の件数は、東日本大震災の影響により、福島県を除いて集計した数値。
出典：厚生労働省ホームページ
https://www.mhlw.go.jp/content/000696156.pdf（2021年4月28日確認）

表5-1　児童相談所での虐待相談の内容別件数の推移

	身体的虐待	ネグレクト	性的虐待	心理的虐待	総　数
平成20年度	16,343(38.3%)	15,905(37.3%)	1,324(3.1%)	9,092(21.3%)	42,664(100.0%)
平成21年度	17,371(39.3%)	15,185(34.3%)	1,350(3.1%)	10,305(23.3%)	44,211(100.0%)
平成22年度	21,559(38.2%)	18,352(32.5%)	1,405(2.5%)	15,068(26.7%)	56,384(100.0%)
平成23年度	21,942(36.6%)	18,847(31.5%)	1,460(2.4%)	17,670(29.5%)	59,919(100.0%)
平成24年度	23,579(35.4%)	19,250(28.9%)	1,449(2.2%)	22,423(33.6%)	66,701(100.0%)
平成25年度	24,245(32.9%)	19,627(26.6%)	1,582(2.1%)	28,348(38.4%)	73,802(100.0%)
平成26年度	26,181(29.4%)	22,455(25.2%)	1,520(1.7%)	38,775(43.6%)	88,931(100.0%)
平成27年度	28,621(27.7%)	24,444(23.7%)	1,521(1.5%)	48,700(47.2%)	103,286(100.0%)
平成28年度	31,925(26.0%)	25,842(21.1%)	1,622(1.3%)	63,186(51.5%)	122,575(100.0%)
平成29年度	33,223(24.8%)	26,821(20.0%)	1,537(1.1%)	72,197(54.0%)	133,778(100.0%)
平成30年度	40,238(25.2%)	29,479(18.4%)	1,730(1.1%)	88,391(55.3%)	159,838(100.0%)
令和元年度	49,240(25.4%) (+9,002)	33,345(17.2%) (+3,866)	2,077(1.1%) (+347)	109,118(56.3%) (+20,727)	193,780(100.0%) (+33,942)

（注）平成22年度の件数は、東日本大震災の影響により、福島県を除いて集計した数値。
出典：厚生労働省ホームページ
https://www.mhlw.go.jp/content/000696156.pdf（2021年4月28日確認）

2019年度（令和元年度）に、児童相談所に寄せられた虐待相談の相談経路は、警察等（49.8%）、近隣知人（13.0%）、家族親戚（8.2%）、学校等（7.7%）からが多くなっている。特に近年、警察などからの通告が急激に増えている。

(3)　学校の役割

児童虐待防止法では、学校・教職員に求められる主な役割として以下の4点をあげている。

①虐待の早期発見に努めること。【努力義務】（第5条1）

②虐待を受けたと思われる子供について、市町村（虐待対応担当課）や児童相談所等へ通告すること。【義務】（第6条）

③虐待の予防・防止や虐待を受けた子供の保護・自立支援に関し、関係機関への協力を行うこと。【努力義務】（第5条2）

④虐待防止のための子供等への教育に努めること。【努力義務】（第5条5）

学校では、児童虐待の早期発見および早期対応が必要である。そこで、児童虐待が疑われるときは児童虐待の事実が明らかでないときであっても、通告義務が生じることを踏まえ、速やかに市町村（虐待対応担当課）や児童相談所等への通告や情報提供を行わなければならない。

学校は、児童生徒の人権を第一に考え、学校全体で組織的機動的に取り組む必要がある。また、スクールカウンセラー、スクールソーシャルワーカー、教育委員会、児童相談所、福祉事務所、警察等の関係機関とも情報を共有し対応していかなければならない。

(4)　マルトリートメント (maltreatment)

マルトリートメントのマルは「悪い」、トリートメントは「扱い」の意味で、マルトリートメントとは、「不適切な養育」のことである。

虐待というと、自分には身に覚えのないこと、自分とは関係ないこと捉えられてしまう。しかし、図5-9にあるようなマルトリートメントの視点からみると、誰にでも子どもに対する不適切なかかわりをしてし

まった経験はある。

実際に学校現場でも、教師が「子どものためだと思って、つい行き過ぎた指導をしてしまった」「子どもが言うことを聞かないので、感情的にしかってしまった」などのケースが見られる。このようなときに、自分の言動を「教育のため」という言葉で、すり替えたり、正当化したりするのではなく、率直に子どもを傷つけた言動であり、マルトリートメントであると気づき、認め、改めることである。

図5-9　マルトリートメントの定義

また、友田 (2018) は「家庭でマルトリートメントが繰り返され、心身の傷ついた子どもたちも、愛着の再形成は可能である。そのためには、子どもたちが、『自分を助けてくれる人、大切にしてくれる人が、親以外にもいる』という安心感をもつことが大切である。不安なときにさっと手をさし伸べること、温かなまなざしで見つめること、微笑み・笑顔で接すること、やさしい言葉で話しかけること——。それらのことこそ、子どもたちの心の成長に欠かせない大切な栄養となる」と指摘している。

そこで、教師には、虐待、マルトリートメントで傷ついた児童生徒をはじめ、すべての子どもたちに、愛情を持って寄り添ったり、温かい言葉かけで子どもに安心感を与えたりするなど、適切なかかわりをしていくことが求められる。

引用・参考文献

藤原忠雄　2007　学校で使える5つのリラクセーション技法　ほんの森社

福原眞知子　2007　マイクロカウンセリング技法—事例場面から学ぶ—　風間書房

半田一郎　2004　学校心理士によるカウンセリングの技法　「学校心理士」認定
　　運営機構企画・監修　学校心理士による心理教育的援助サービス2　北大路
　　書房　152-163

石﨑ちひろ　2020　不登校児童生徒への対応を転換　水本徳明編著　教育法規
　　2020　小学館

黒沢幸子　2004　指導援助に役立つスクールカウンセリング・ハンドブック
　　金子書房

文部科学省　2010　生徒指導提要　教育図書

文部科学省ホームページ　いじめ定義の変遷

https://www.mext.go.jp/component/a_menu/education/detail/__icsFiles/afield
　　file/2019/06/26/1400030_003.pdf（2021年4月28日確認）

文部科学省　2019　初等中等教育局長「不登校児童生徒への支援の在り方につ
　　いて（通知）」

https://www.mext.go.jp/a_menu/shotou/seitoshidou/1422155.htm（2021年4月
　　28日確認）

文部科学省　2020　学校・教育委員会等向け虐待対応の手引き

https://www.mext.go.jp/content/20200629-mxt_jidou02-100002838.pdf（2021年4
　　月28日確認）

文部科学省　2020　いじめ問題の対応について

https://www.pref.nagano.lg.jp/kyoiku/kyoiku/shido/documents/1_
　　gyouseisetumei.pdf（2021年4月28日確認）

文部科学省　2021　「令和元年度 児童生徒の問題行動・不登校等生徒指導上の
　　諸課題に関する調査結果及びこれを踏まえた対応の充実について（通知）」

https://www.mext.go.jp/a_menu/shotou/seitoshidou/1422178_00001.htm（2021
　　年4月28日確認）

諸富祥彦　2014　新しい生徒指導の手引き　図書文化社

佐藤敬子　2020　コーチングのスキルと活用Ⅲ　～不登校解決のためのリソース
　　を探す～　独立行政法人教職員支援機構

https://www.nits.go.jp/materials/intramural/files/079_001.pdf（2021 年 4 月 28
日確認）

玉瀬耕治　2004　個別カウンセリングとグループカウンセリング　「学校心理
士」認定運営機構企画・監修　学校心理士による心理教育的援助サービス 2
北大路書房　164-177

友田明美　2018　子どもの脳を傷つける親たち　NHK 出版新書

八並光俊　2008 生徒指導のねらい「個別の発達援助」　八並光俊・國分康孝編
新生徒指導ガイド　開発・予防・解決的な教育モデルによる発達援助　図書
文化社　16-17

Chapter **6**

チームとしての学校

現在の学校は、児童生徒の保護者が学校に通っていた時代とは違い、教師だけでなくたくさんの人たちが児童生徒の指導にかかわっている。本章ではなぜこのように変わったのか、たくさん人たちがどのような働きをしているかなどをみていく中で、チームとしての学校の必要性について考えていく。

1. 従来の学校

　図6-1は、従来の学校組織のイメージである。ちょうど鍋のふたを横から見ているように、校長・教頭の管理職が鍋のつまみにあたり、その下に学級を任される大多数の教師が横並びに位置している。そこで、このような学校の組織は鍋ぶた型といわれている。ここでは、学級担任となった教師が、学習面だけでなく、生活面も含めて学級のすべての児童生徒を教師ひとり

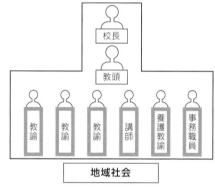

図6-1　従来の学校のイメージ

出典：中央教育審議会 (2015)「チームとしての学校の在り方と今後の改善方策について（答申）」より一部改変
https://www.mext.go.jp/b_menu/shingi/chukyo/chukyo0/toushin/__icsFiles/afieldfile/2016/02/05/1365657_00.pdf (2021年4月30日確認)

で丸抱えして見てきた。そのことで、学級のたくさんの子どもたちが救われたという面もある一方、学校全体よりも学年・学級に意識が向き、学年・学級王国を形成し、教師間の連携も少なく、地域に対しても閉鎖的であるという批判もある。また、丸抱えで仕事をすることで、無限定性、無境界性等と呼ばれる、際限ない仕事をすることにもつながることになる。

2. チームとしての学校

横並びの鍋ぶた型の組織では、組織的機動的に学校運営するのが難しい面があった。そこで、2007年（平成19年）に、学校教育法が改正され、新たに副校長、主幹教諭、指導教諭（栄養教諭は2005年に新設）を置くことができるようになり、上から校長、副校長・教頭、主幹教諭・指導教諭、教諭・講師と階層構造化し、ピラミッド型組織に転換した。

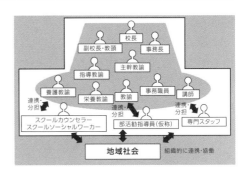

図6-2　チームとしての学校のイメージ

出典：中央教育審議会（2015）「チームとしての学校の在り方と今後の改善方策について（答申）」より一部改変
https://www.mext.go.jp/b_menu/shingi/chukyo/chukyo0/toushin/__icsFiles/afieldfile/2016/02/05/1365657_00.pdf（2021年4月29日確認）

　さらに、2015年（平成27年）に中央教育審議会「チームとしての学校の在り方と今後の改善方策について」の答申が出され、図6-2のように、教職員と専門スタッフからなる「チームとしての学校」を組織した。なお、専門スタッフは、心理や福祉に関する専門スタッフ（スクールカウンセラー・スクールソーシャルワーカー）、授業等において教員を支援する専門スタッフ（ICT支援員、学校司書、外国語指導助手等、補習等のサポートスタッフ）、部活動に関する専門スタッフ（部活動指導員）、特別支援教育に関する専門スタッフ（医療的ケアを行う看護師等、特別支援教育支援員、言語聴覚士、作業療法士、理学療法士等の外部専門家、就職支援コーディネーター）などからなる。

　筆者が勤めていた兵庫県宝塚市の小中学校では、教職員以外に、学校司書、ALT（外国語指導助手）、SC（スクールカウンセラー）、SSW（スクールソーシャルワーカー）、介助員、特別支援教育支援員、心理相談

員、心理指導員、子ども多文化共生サポーター、日本語が不自由な児童サポーター、別室指導員、ICT 支援員、言語聴覚士、作業療法士、理学療法士、医療的ケアを行う看護師等の専門スタッフが、学校の実情に応じて手厚く配置されている。また、学習や生活を支援するボランティアもいるなど、専門性の違うたくさんのスタッフと協力して学校運営が行われている。

3. チームとしての学校が求められる背景

(1) 複雑化・困難化した多様な課題を解決するための体制整備が必要

　いじめ、不登校、虐待が増加していることは第5章で述べたとおりである。また、図6-3にあるように特別支援学級在籍者数の増加や、図6-4にあるように日本語指導が必要な児童生徒数の増加がみられる。さらに、LGBTの子ども支援、子どもの貧困問題、インターネットによる人権侵害、保護者対応等、社会環境の急激な変化の中、多様な課題が複雑化・困難化している。これらの様々な教育課題を解決していくためには、教師集団だけでなく、様々な専門スタッフと協働して「チームとしての学校」という組織体制のもとで取り組んでいかなければならない。

(2) 教師の勤務時間の適正化と児童生徒と向き合う時間を確保するための体制整備が必要

　日本の教師は長時間の仕事を行い多忙化していること、教師が時間的にも精神的にもゆとりがなく、職能開発活動や子どもと向き合う時間が取れないことは、第2章で述べたとおりである。さらに、文部科学省「学校基本調査報告書」（2013年度）によれば、初等中等教育学校の教職員総数に占める教員以外の専門スタッフの割合は、日本18%、アメリカ44%、イギリス49%と、日本は欧米諸国と比較して、教員以外の専門スタッフの配置が少ない現状である。

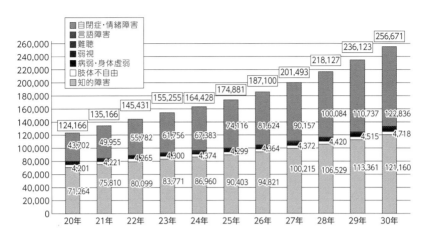

図6-3　特別支援学級在籍者数の推移

出典：文部科学省（2019）日本の特別支援教育の状況について　新しい時代の特別支援教育の在り方に関する有識者会議
https://www.mext.go.jp/kaigisiryo/2019/09/__icsFiles/afieldfile/2019/09/24/1421554_3_1.pdf（2021年4月29日）

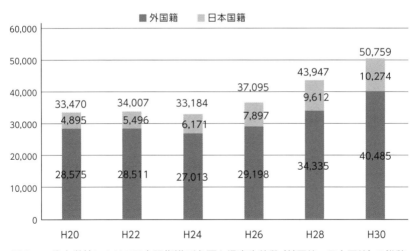

図6-4　公立学校における日本語指導が必要な児童生徒数（外国籍・日本国籍）の推移

出典：文部科学省（2020）「日本語指導が必要な児童生徒の受入状況等に関する調査（平成30年度）」の結果について
https://www.mext.go.jp/content/1421569_001.pdf（2021年4月29日）

そこで、児童生徒と向き合う時間を確保し、充実した教育を提供するためにも、教師以外のスタッフの充実や学校業務改善を行っていかなければならない。

(3)　**新しい時代に求められる資質・能力を育む教育課程を実現するための体制整備**

　将来の予測が困難な時代となる中で、新しい時代を生きる児童生徒たちに、未来の作り手となるために必要な資質・能力を育むためには、第4章で述べた「社会に開かれた教育課程」の実現が必要となってくる。そこで、カリキュラム・マネジメントを推進するための学校運営体制の見直しや、教師が研修等の職能開発活動をするための十分な時間を確保することなどをとおして、教師が資質能力を向上していくことが求められる。また、授業などにおいて ALT、ICT 支援員、学校司書などの専門スタッフを有効に活用することが大切である。さらに、社会と連携・協働しながら教育課程を作っていくためには、地域レベルで学校をつくるという体制整備が必要である。

4. 地域レベルのチームづくり

　中央教育審議会答申 (2015 年)「チームとしての学校の在り方と今後の改善方策について」では、「学校は、校長の監督の下、組織として責任ある教育を提供することが必要であることから、少なくとも校務分掌上、職務内容や権限等を明確に位置付けることができるなど、校長の指揮監督の下、責任を持って教育活動に関わる者とするべきである」としている。このことから、「チームとしての学校」は、学校レベルのチームとして規定される。

　しかし、学校が抱える多様な課題は学校レベルでは到底解決できるものではない。そこで、図 6-5・図 6-6 にあるように人材の宝庫である地域と連携・協働して、社会総がかりでの教育が必要になってくる。今学校

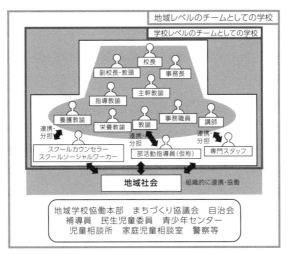

図6-5　地域レベルのチームとしての学校のイメージ

出典：中央教育審議会（2015）「チームとしての学校の在り方と今後の改善方策について（答 申）」をもとに筆者が勤務した学校をモデルにして作成。名称は地域により異なる。
https://www.mext.go.jp/b_menu/shingi/chukyo/chukyo0/toushin/__icsFiles/afieldfile/2016/02/05/1365657_00.pdf（2021年4月29日確認）

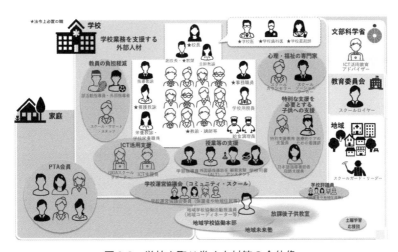

図6-6　学校を取り巻く人材等の全体像

出典：文部科学省（2021）「令和の日本型学校教育」を担う教師の養成・採用・研修等の在り方について関係資料
https://www.mext.go.jp/content/20210312-mxt_kyoikujinzai01-000013426-3.pdf
（2021年5月21日確認）

に求められているのは、地域レベルのチームづくりである。

(1) 学校評議員制度

2000年（平成12年）に学校評議員制度が始まった。この制度は、地域住民の信頼に応え、地域に開かれた学校づくりの推進のため、校長が学校の職員以外で教育に関する理解や識見を有する者に、学校運営に関する意見を求めることができる制度で、学校教育法施行規則第49条で規定されている。

学校評議員は、学校の実情に応じて有識者、関係機関、青少年団体、保護者など、できる限り幅広い分野から選ばれ、校長が推薦し、市町村教育委員会が委嘱する。

(2) 学校評価

2007年（平成19年）6月の学校教育法改正、10月の学校教育法施行規則改正により、「自己評価の実施と結果公表の義務化」「学校関係者評価の実施と結果公表の努力義務化」「自己評価および学校関係者評価の評価結果の設置者への報告の義務化」について規定された。

自己評価は、学校評価の最も基本となるものであり、校長のリーダーシップの下で、当該学校の全教職員が参加し、設定した目標や具体的計画などに照らして、その達成状況や達成に向けた取組の適切さなどについて評価を行うものである。自己評価を行う上で、児童生徒や保護者、地域住民を対象とするアンケートによる評価結果などを参考資料としている。

学校関係者評価は、保護者、学校評議員、地域住民、青少年健全育成関係団体の関係者、接続する学校（小学校に接続する中学校など）の教職員その他の学校関係者などにより構成された委員会などが、その学校の教育活動の観察や意見交換などを通じて、自己評価の結果について評価することを基本として行うものである。

学校評価には、もう一つ第三者評価がある。第三者評価は、学校とその設置者が実施者となり、学校運営に関する外部の専門家を中心とした

評価者により、自己評価や学校関係者評価の実施状況も踏まえつつ、教育活動その他の学校運営の状況について、専門的視点から評価を行うものであるが、法令上、実施義務や実施の努力義務を課すものではない。

　学校評価ガイドライン（平成28年改訂）にもあるように、学校評価を学校・家庭・地域間のコミュニケーション・ツールとして活用することにより、保護者・地域住民の学校運営への参画を促進し、共通理解に立ち家庭や地域に支えられる開かれた学校づくりを進めていくことが期待される。

⑶　学校支援地域本部から地域学校協働本部への発展

　2008年（平成20年）に学校支援地域本部が創設された。学校支援地域本部は、これまでもそれぞれの学校において行われてきた学校を支援するボランティア活動を組織的なものとすることで、より効果的に学校の支援を図ろうとするものである。具体的な支援の内容は、学校側の要望に応じて、地域住民が学校管理下における教育活動を支援する。

　2017年（平成29年）に「社会教育法」が改正され、地域学校協働活動が法律に位置付けられた。地域学校協働活動を推進する体制として地域学校協働本部がある。地域学校協働本部は、従来の学校支援地域本部や放課後子供教室などの地域と学校の連携体制を基盤とし、より多くの地域の人々や団体などが参画し、緩やかなネットワークを形成することにより、地域学校協働活動を推進する体制である。そこで、これまでの地域が学校・子供たちを応援・支援する一方向的な活動から、地域と学校が目標を共有して行う双方向の連携・協働型の活動へと、これまでの個別の活動を、総合化・ネットワーク化し、組織的で安定的に継続できる活動へと、取組を充実させることが大切になってくる。

　今後、地域学校協働活動とコミュニティ・スクールの一体的推進が求められている。

⑷　学校運営協議会

　2015年（平成27年）の中央教育審議会答申「新しい時代の教育と地方

創生の実現に向けた学校と地域の連携・協働の在り方と今後の推進方策について」では、「全ての公立学校がコミュニティ・スクールを目指すべきであること」「教育委員会が、積極的にコミュニティ・スクールの推進に努めていくよう制度的位置付けを検討すること」等が挙げられている。

それを受け、2004年（平成12年）の学校運営協議会導入当初は任意設置であったものが、2017年（平成29年）の「地方教育行政の組織及び運営に関する法律」改正により、各教育委員会に、保護者や地域住民が学校運営に参画する仕組みである学校運営協議会の設置を努力義務化した。

学校運営協議会制度を導入した学校をコミュニティ・スクールという。コミュニティ・スクールは、学校と地域住民などが力を合わせて学校の運営に取り組むことができる制度であり、これまでの「地域に開かれた学校」から「地域とともにある学校」への転換を図るための有効な仕組み

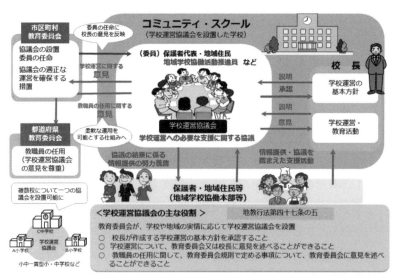

図6-7　コミュニティ・スクール（学校運営協議会制度）の仕組み

出典：文部科学省ホームページ　コミュニティ・スクール（学校運営協議会制度）
https://manabi-mirai.mext.go.jp/torikumi/chiiki-gakko/cs.html（2021年4月29日確認）

である。コミュニティ・スクールでは、学校運営に地域の声を積極的に生かし、学校・保護者・地域が連携・協働して特色ある学校づくりを進めていくことが可能となる。

　図 6-7 にあるように学校運営協議会の主な役割として「校長が作成する学校運営の基本方針を承認する」「学校運営に関する意見を教育委員会又は校長に述べることができる」「教職員の任用に関して、教育委員会規則に定める事項について、教育委員会に意見を述べることができる」などがある。

5. コミュニティ・スクールの実践

　筆者が校長をしていた小学校で、2018 年（平成 30 年）に市の教育委員会からコミュニティ・スクールのモデル校の指定を受けた。そのときに行った地域と強固に連携・協働したコミュニティ・スクールの実践について述べる。

　学校運営協議会は、管理職を含む 4 名の教師、地域団体の中から代表 3 名、PTA から会長・副会長の 3 名で組織した。

　図 6-8 にあるように、学校では子ども支援として、学力・安全力・環境力・生活力を向上させる 4 つの組織を作った。地域には、これまでも学校を支援する組織として学校応援団、まちづくり協議会、補導員、民生児童委員、放課後遊ぼう会、育成会、青少年育成市民会議、音楽隊、各スポーツ団体、自治会などがあり、それらをコミュニティー・スクールの活動組織としてまとめ、学校・家庭・地域が連携・協働して、学力・安全力・環境力・生活力アップの 4 つの支援を行った。また、学校関係者評価は、学校運営協議会の委員で構成した。4 つの支援の具体的な活動内容は次のとおりである。

　学力アップ支援として、学校応援団のメンバーが、放課後に行っている補習を手伝ったり、授業で、サツマイモ、黒枝豆、たまねぎの作り方を

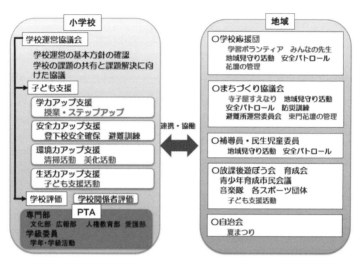

図6-8　兵庫県宝塚市立末成小学校コミュニティ・スクール組織

指導したり、昔の遊び（けん玉、おはじき、コマ回し、あやとり等）を１年生に教えたりした。

　安全力アップ支援としては、登下校の見守りと地域パトロール、全校集会で補導員による安全指導、地域への安全啓発などを行った。たくさんの地域の方々が見守ることで、登下校中にけがをしたとき、不審者情報が入ったとき、地震が起こったときなど、地域の広いネットワークを使って組織的機動的に対応し、児童の安全確保を図ることができた。

　また、学校・PTA・地域が合同で地域防災訓練を行った。内容は、避

難誘導、救急救命、ダンボールベット組み立て、応急担架作り、消火、炊き出しを、地域の防災リーダーや消防署員から説明を受けたあと、実際に訓練を行った。

　環境力アップ支援としては、学校と地域が一緒になってプール掃除、草抜きなどを行った。また、地域の方々が学校内の花壇にたくさんの花を植えたり、毎日学校周辺の清掃をしたりするなど、美しい環境づくりを行った。

　生活力アップ支援では、学校のグラウンドで自治会主催の夏祭りに行い、そこで4年生が作った無農薬野菜を自分たちで販売した。

　また、台北市立光復国民小学校との国際交流では、台北市の光復小学校弦楽団に所属する2年生から6年生までの19名の子どもたちと交流した。具体的には、授業で算数や英語の勉強をしたり、日本の伝統的な遊びを行ったりした。給食や清掃は光復小学校にはない活動なので特に興味を示した。午後からは児童が所属

する音楽隊と光復小学校弦楽団との合同コンサートを開き、素晴らしい演奏を披露した。この交流では、コミュニティー・スクールの強みを生かし、コンサート会場（体育館）準備や引率者（24名）への給食の準備などを地域の人たちが行った。この行事をとおして、子どもたちは外国の子どもたちと楽しくコミュニケーションを図りながら異文化に触れるとともに、地域や日本の良さにも気づくことができるなど、貴重な体験となった。

　生活力アップ支援の中で注目すべき取組は、まちづくり協議会と一緒に行った「このまち大すきプロジェクト」である。この頃、市はまちづくりの見直しを進めており、各地域でまとめた計画を「市総合計画」の一編として位置づけるとなっていた。それを受けて、地域のまちづくり協議会が、地域のまちづくり計画の取りまとめていた。その過程で、地域のまちづくり協議会から、将来のまちを考えるときに、子どもたちの意見を聞きたいという声があがった。一方、学校では、生活力アップ支援として、児童に社会の一員という立場でよりよいまちづくりについて考えさせたいという思いがあった。そこで、学校と地域のまちづくり協議会の方向性が一致したことで、一緒に「みんなが安心して暮らせるまちづくり」を考えることになった。具体的には、5年生が地域の人たちの案内で校区を見学し、まちの危険なところを見つけ、自分たちができることは何かを考えた。また、5年生と地域の人たちがグループに分かれて、事前アンケートをもとにして地域の課題や将来住みたいまちについて話し合った。この活動では、児童たちが本音で自分たちの視点から意見を述べたり、地域の大人の考えを聞いたりすることができ、たいへん貴重な体験となった。なお、アンケートの中の「宝塚の良いところ・自慢できるところ（自由記述）」では、「地域の人が見守ってくれる」「地域の人たちがたくさんいて、かかわってくれる、やさしい」「地域のボランティアの人たちがたくさんいる」「地域であいさつができる」という回答が多数あったのもコミュニティー・スクールの成果だといえる。「このまち

大すきプロジェクト」は、地域と
ともにある学校づくりを目指す
学校と、学校を核とした地域づく
りを目指すまちづくり協議会が
一体となった取組であり、今後の
活動の在り方を示すものとい
える。

　このように地域と強固に連携・
協働したコミュニティー・スクー
ルを推進することで、学校業務改
善を図ることができ、教職員の負
担が軽減された。また、地域の人
的資源とつながることで、充実し

た教育活動が展開できるようになった。

引用・参考文献

中央教育審議会　2015　新しい時代の教育や地方創生の実現に向けた学校と地
　　域の連携・協働の在り方と今後の推進方策について（答申）

https://www.mext.go.jp/b_menu/shingi/chukyo/chukyo0/toushin/__icsFiles/
　　afieldfile/2016/01/05/1365791_1.pdf（2021年4月29日確認）

中央教育審議会　2015　チームとしての学校の在り方と今後の改善方策につい
　　て（答申）

https://www.mext.go.jp/b_menu/shingi/chukyo/chukyo0/toushin/__icsFiles/
　　afieldfile/2016/02/05/1365657_00.pdf（2021年4月29日確認）

文部科学省　2016　学校評価ガイドライン〔平成28年改訂〕

https://www.mext.go.jp/component/a_menu/education/detail/__icsFiles/afield
　　file/2019/01/30/1323515_021.pdf（2021年4月29日確認）

文部科学省　2021　「令和の日本型学校教育」を担う教師の養成・採用・研修等
　　の在り方について関係資料
https://www.mext.go.jp/content/20210312-mxt_kyoikujinzai01-000013426-3.pdf
　　（2021年4月29日確認）
成瀬雅巳　2020　地域とともに考える「安心・安全、みんなに優しいまちづくり」
　　中尾豊喜編著　総合的な学習の時間・総合的な探究の時間と特別活動の方法
　　〜 Sustainable Smile and Smile 〜　東洋館出版社　166-173

Chapter 7

学校保健安全

学校は、心身の成長発達段階にある児童生徒が集い、人と人との触れ合いにより、人格の形成をしていく場である。その場において、児童生徒が生き生きと学び、運動等の活動を行うためには、児童生徒の健康や安全の確保が保障されることが不可欠の前提となる。

そこで、「児童生徒の健康の保持増進及び安全確保を図るため、学校における保健管理及び安全管理に関し必要な事項を定め、もって学校教育の円滑な実施とその成果の確保に資すること」を目的として、2008年（平成20年）6月に従来の学校保健法から学校における安全管理の条項が加わり、学校保健安全法が制定された。本章では、児童生徒の生命を守るために学校として取り組むべき学校保健・学校安全について考える。

1．学校保健計画の策定

学校保健安全法第5条には「学校においては、児童生徒等及び職員の心身の健康の保持増進を図るため、児童生徒等及び職員の健康診断、環境衛生検査、児童生徒等に対する指導その他保健に関する事項について計画を策定し、これを実施しなければならない」と定めている。

学校保健計画は、学校において必要とされる保健に関する具体的な実施計画であり、学校の状況や前年度の取組を踏まえ、毎年度作成することとされている。その実施にあたっては保護者や関係機関・団体との連携協力が不可欠であるため、計画内容については原則として保護者にも周知しなくてはならない。また、学校保健計画には、①児童生徒等及び職員の健康診断、②環境衛生検査、③児童生徒等に対する指導に関する事項は必ず盛り込まなければならない。

2．学校環境衛生基準

学校保健安全法第6条には「文部科学大臣は、学校における換気、採光、

照明、保温、清潔保持その他環境衛生に係る事項について、児童生徒等及び職員の健康を保護する上で維持されることが望ましい基準を定めるものとする」とある。そして、第2項には「学校の設置者は、学校環境衛生基準に照らしてその設置する学校の適切な環境の維持に努めなければならない」、第3項には「校長は、学校環境衛生基準に照らし、学校の環境衛生に関し適正を欠く事項があると認めた場合には、遅滞なく、その改善のために必要な措置を講じ、又は当該措置を講ずることができないときは、当該学校の設置者に対し、その旨を申し出るものとする」と規定されている。

3. 保健指導

　学校保健安全法第9条には「養護教諭その他の職員は、相互に連携して、健康相談又は児童生徒等の健康状態の日常的な観察により、児童生徒等の心身の状況を把握し、健康上の問題があると認めるときは、遅滞なく、当該児童生徒等に対して必要な指導を行うとともに、必要に応じ、その保護者に対して必要な助言を行うものとする」とある。

　学校ではメンタルヘルスに関する課題やアレルギー疾患など、児童生徒等の心身の健康問題が多様化・深刻化している中で、これらの問題に対して学校の適切な対応が求められている。そこで、2008年（平成20年）改正の学校保健安全法第7条で学校の保健室の機能に、健康相談と保健指導を加えて充実が図られた。

　なお、アレルギー疾患などの子どもの現代的課題に対応する視点も含め、学校保健安全法では、学校保健に関する学校の設置者の責務（第4条）、保健指導（第9条）、地域の医療機関等との連携（第10条）が新たに規定され、地域の実情や児童生徒等の実態を踏まえつつ、各学校において共通に取り組まれるべき事項について規定の整備が図られた。

4. 児童生徒の健康診断

　学校保健安全法第13条には「学校においては、毎学年定期に、児童生徒等の健康診断を行わなければならない」とある。健康診断は児童生徒の発育・健康状態を正しく把握し、学校生活を送る上で注意するべきことを調べるものである。同法第14条には「学校においては、前条の健康診断の結果に基づき、疾病の予防処置を行い、又は治療を指示し、並びに運動及び作業を軽減する等適切な措置をとらなければならない」と定められている。学校で行う健康診断は、スクリーニングといい、問題や疑いのあるものをふるい分けるもので、病院などの医療機関で行われる確定診断とは異なる。

　学校保健安全法施行規則では、「毎学年6月30日までに行うこと（第5条）」「児童生徒の健康診断票を作成すること（第8条）」「21日以内にその結果を保護者等に通知するとともに、疾病の予防処置、治療の指示等適切な措置をとらなければならないこと（第9条）」が定められている。なお、検査結果の通知は、通知内容及び通知方法において、プライバシー保護の観点に立つこと、通知を受ける保護者の気持ちを考えた通知内容になるよう、留意する必要がある。

5. 感染の予防

　学校感染症の出席停止と臨時休業は、学校保健安全法に定められている。

　学校保健安全法第19条には「校長は、感染症にかかつており、かかつている疑いがあり、又はかかるおそれのある児童生徒等があるときは、政令で定めるところにより、出席を停止させることができる」とある。

　感染症に関する出席停止は、感染症予防の緊急性にかんがみ、教育の場、集団生活の場として望ましい学校環境を維持するとともに、感染症

にかかった本人に速やかに治療させることにより健康な状態で教育を受けられるようにするという見地から行われる。出席停止期間は、感染症の種類に応じて、学校保健安全法施行規則に定める基準によるとされる。また、校長は、出席停止の指示をしたときは、その旨を設置者に報告しなければならない。

　学校保健安全法第 20 条には「学校の設置者は、感染症の予防上必要があるときは、臨時に、学校の全部又は一部の休業を行うことができる」とある。感染症予防のための出席停止は児童生徒個々の者に対して行われる措置であるが、臨時休業は、感染症の流行防止のためのより強力な措置である。授業の実施を休止するという重大な措置であることから、臨時休業は学校の設置者の責任において行うこととされている。児童生徒等の欠席率が通常時に比べ急速に高くなったときや、罹患した児童生徒等が急激に多くなったとき、校長は学校医等と相談の上、教育委員会に連絡し、教育委員会は時期を失することなく速やかに臨時休業の措置をとることとなる。

　なお、これに関する規定や対応は、新型コロナウィルス感染症からもわかるように、感染症の流行状況や医療の進歩を受け、たびたび改められている。

　また、感染症では学校の設置者が臨時休業を行ったが、学校教育法施行規則により、非常変災その他急迫の事情があるときは、校長は、臨時に授業を行わないことができる。ただし、この旨を当該学校を設置する地方公共団体の教育委員会（公立大学法人の設置する学校にあっては、当該公立大学法人の理事長）に報告しなければならない。

6. アレルギー児童生徒の対応

　2012 年（平成 24 年）に東京都内の小学校において、食物アレルギーを有する児童が学校給食終了後に「アナフィラキシーショック」の疑いに

よりなくなるという事故の発生を受けて、文部科学省 (2014) は、「今後の学校給食における食物アレルギー対応について (通知)」を発出した。

学校におけるアレルギー疾患の対応として、学校保健会が作成した「学校のアレルギー疾患に対する取り組みガイドライン」及び文部科学省が作成した「学校給食における食物アレルギー対応指針」等を周知し徹底すること、アレルギー疾患の正しい知識の習得や実践的な研修の機会を確保することが求められている。

具体的には次の対応が重要である。

・アレルギー対応を特定の教職員に任せず、「食物アレルギー対応委員会」を設けて組織的に対応する。
・児童生徒ごとの個別対応プランを作成して予防に努める。
・学校給食の提供においては、安全性を最優先し、献立作成から配膳までの各段階において、複数の目によるチェック機能を強化する。
・学校では、緊急時対応に備えた校内研修の充実を図り、教職員の誰もが「エピペン (登録商標)」の使用を含めた緊急時対応のための実践的な訓練などに取り組む。なお、教職員による「エピペン」の使用については、自ら注射できない本人に代わって、緊急やむを得ない措置として行うものであり、医師法違反とはならないことに留意する。
・学校におけるアレルギー対応については、入学前に保護者との連携を図る。その際、「学校生活管理指導表」の提出を徹底し、保護者と学校が情報を共有する。

7. 学校安全のねらい

学校では児童生徒の生命や心身に重大な危機が生じる事件や事故が現実に発生している。そのような中、2017 年 (平成 29 年) 3 月 24 日に学校保健安全法に基づき「第 2 次学校安全の推進に関する計画」が閣議決定

された。そこでは、「全ての児童生徒等が、安全に関する資質・能力を身に付けること」「学校管理下における児童生徒等の事故に関し、死亡事故の発生件数については限りなくゼロとすること」「負傷・疾病の発生率については障害や重度の負傷を伴う事故を中心に減少傾向にすること」を目指している。この計画を踏まえて、学校は、安全で安心できる場所になるよう学校安全の推進に全力で取り組んでいかなければならない。

学校安全は、学校保健、学校給食とともに学校健康教育の3領域の1つであり、それぞれが独自の機能を担いつつ、相互に関連を図りながら、児童生徒などの健康や安全の確保を図っている。

学校安全のねらいは、児童生徒等が、自他の生命尊重を基盤として、自ら安全に行動し、他の人や社会の安全に貢献できる資質・能力を育成するとともに、児童生徒等の安全を確保するための環境を整えることである。

8. 学校安全の3つの領域

学校安全の領域は、「生活安全」「交通安全」「災害安全」の3つの領域があるが、従来想定されなかった新たな危機事象の出現などにも柔軟に対応し、学校保健や生徒指導など様々な関連領域と連携して取り組むことが重要である。

(1) 生活安全

生活安全は、学校・家庭など日常生活で起こる事件・事故を取り扱う。誘拐や傷害などの犯罪被害防止も含まれる。

具体的な内容は次のとおりである。

①学校生活や各教科、総合的な学習の時間などの学習時における危険の理解と安全確保

②児童生徒会活動やクラブ活動等における危険の理解と安全確保

③運動会、校内競技会等の健康安全・体育的行事における危険の理解

と安全確保

④遠足・旅行・集団宿泊的行事、勤労生産・奉仕的行事等学校行事における危険の理解と安全確保

⑤始業前や放課後等休憩時間及び清掃時間等における危険の理解と安全確保

⑥登下校や家庭生活などにおける危険と安全確保

⑦野外活動等における危険の理解と安全確保

⑧事故発生時の通報と応急手当

⑨誘拐や傷害などの犯罪に対する適切な行動の仕方など、学校や地域社会での犯罪被害の防止

⑩携帯電話やコンピュータ等の情報ネットワークの活用による犯罪被害の防止と適切な利用の必要性

⑪施設・設備の状態の把握と安全な環境づくり

⑵　**交通安全**

交通安全は、様々な交通場面における危険と安全、事故防止が含まれる。

具体的な内容は次のとおりである。

①道路の歩行や道路横断時の危険の理解と安全な行動の仕方

②踏切での危険の理解と安全な行動の仕方

③交通機関利用時の安全な行動

④自転車の点検・整備と正しい乗り方

⑤二輪車の特性の理解と安全な利用

⑥自動車の特性の理解と自動車乗車時の安全な行動の仕方

⑦交通法規の正しい理解と遵守

⑧運転者の義務と責任についての理解

⑨幼児、高齢者、障害のある人、傷病者等の交通安全に対する配慮

⑩安全な交通社会づくりの重要性の理解と積極的な参加・協力

⑶　**災害安全**

　災害安全は、地震・津波災害、火山災害、風水（雪）害等の自然災害に
加え、火災や原子力災害も含まれる。

　具体的な内容は次のとおりである。

①火災発生時における危険の理解と安全な行動の仕方

②地震・津波発生時における危険の理解と安全な行動の仕方

③火山活動による災害発生時の危険の理解と安全な行動の仕方

④風水（雪）害、落雷等の気象災害発生時における危険の理解と安全
　な行動の仕方

⑤放射線の理解と原子力災害発生時の安全な行動の仕方

⑥避難所の役割と避難経路についての理解、避難の仕方

⑦災害に関する情報の活用や災害に対する備えについての理解

⑧地域の防災活動の理解と積極的な参加・協力

⑨災害時における心のケア

9. 学校安全の3つの活動

　学校安全の活動は、図7-1にあるように「安全教育」「安全管理」「組織
活動」から構成されている。学校における安全教育は、児童生徒等が自
らの行動や外部環境に存在する様々な危険を制御して、自ら安全に行動
したり、他の人や社会の安全のために貢献したりできるようにすること
を目指す活動である。安全教育は、主に学習指導要領を踏まえ、学校の
教育活動全体を通じて実施する。学校における安全管理は、児童生徒等
を取り巻く環境を安全に整えることを目指す活動である。組織活動は、
学校安全の両輪となる安全教育と安全管理を相互に関連付けてして円滑
に進めるための活動である。学校における安全管理・組織活動は、主に
学校保健安全法に基づいて実施する。

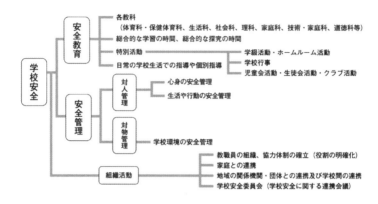

図7-1　学校安全の体系

出典：文部科学省 (2019) 「生きる力」をはぐくむ学校での安全教育
https://www.mext.go.jp/component/a_menu/education/detail/__icsFiles/afieldfi
le/2019/04/03/1289314_02.pdf (2021年4月30日確認)

10. 学校事故

　学校には様々な事件・事故が発生している。

　独立行政法人日本スポーツ振興センターによれば、2019年度 (令和元年度) 学校管理下における児童生徒の負傷・疾病件数は、小学校で333,137件、中学校で303,550件、高等学校で249,741件に及んでいる。

　図7-2の負傷・疾病における場合別発生割合 (場合別) では、小学校が「休憩時間」に最も多く発生し、全体の約半数を占めている。中学校・高等学校では、「課外指導」中に最も多く発生している。「課外指導」のほとんどは「体育的部活動」によるものである。なお、負傷・疾病の割合は、小学校で94.0%、中学校で91.4%、高等学校で89.5%が負傷である。

　場所別でみると、小学校では「運動場・校庭」が最も多く、次いで「体育館・屋内運動場」「教室」が多い。中学校では「体育館・屋内運動場」「運動場・校庭」で多く発生している。次いで「運動場・競技場 (学校外)」「体育館 (学校外)」「教室」が多いが、小学校に比べ「教室」の割合がかなり

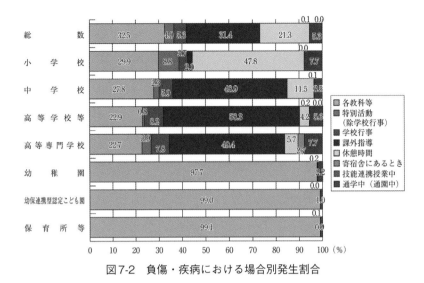

図7-2　負傷・疾病における場合別発生割合

出典：独立行政法人日本スポーツ振興センター（2021）学校の管理下の災害［令和2年版］https://www.jpnsport.go.jp/anzen/Portals/0/anzen/kenko/jyouhou/pdf/R2saigai/R2saigai06.pdf（2021年4月30日確認）

少なくなっている。高等学校では「体育館・屋内運動場」と「運動場・校庭」で、全体の約7割を占めている。

　2019年度（令和元年度）の統計結果ではここ数年大きな変化はなく、学校事故は様々な教育場面で必ず起こるものといえる。だからといって、学校事故を減らすために、小学校の休憩時間は教室で自習させる、中学校の部活動はしないという話にはならない。そこには人間形成にとって重要な教育的効果があるからだ。大切なことは、学校事故はいつでも起こる可能性があることを前提にした上で、学校安全の取組を推進することである。

　教師には「学校における教育活動により生ずるおそれのある危険から生徒を保護すべき義務」、いわゆる「安全配慮義務」があるとされている。そこで教師にとって必要なことは、危機管理意識を高め、危険を予測し回避できる力を身につけることである。そのためには、教師は安全教育

に関する知識を深めるとともに、数々の事例を学ぶことから事故を予見する力を培うことが大切である。そして、児童生徒にも危険を予測し回避できる力を育成していかなければならない。

11. 自然災害

1995年（平成7年）1月17日午前5時46分に発生した阪神・淡路大震災は、6,434人もの尊い命を奪った。阪神淡路大震災の発生は早朝であったが、もし他の時間帯であれば学校や通学路、活動場所において児童生徒等に多大な被害が出た可能性が高いと考えられている。そのため、大地震など大きな自然災害発生時において児童生徒等の安全をいかに確保するかという防災管理について大きな課題となった。

2011年（平成23年）3月11日午後2時46分に発生した東日本大震災は、巨大津波と東京電力福島第1原発事故という未曽有の複合災害となり、2021年（令和3年）3月10日現在（警察庁発表）、関連死を含めて全国で15,899人の命を奪い、2,526人の行方が分かっていない。東日本大震災では、平日午後の地震発生であったため、発生時刻には多くの児童生徒等が在校していた。しかし、「釜石の奇跡」に見られるように日常の避難訓練の成果や教職員の適切な避難誘導により、沿岸部の学校においても多くの児童生徒等が津波から避難している。ただ、石巻市立大川小学校のように、避難の判断が遅れたことで裏山に行かず、校庭に約50分とどまっている間に北上川をさかのぼった津波にのまれ、全校児童108名のうち70名、教職員13名にうち10名が亡くなり、児童4人はまだ見つかっていない学校もある。ここでは、もし東日本大震災が、長期休業中や児童生徒等が学校外にいる時間帯に発生していたら、児童生徒等はどのように行動していたのかという、防災管理の課題とともに、防災教育も大きな課題となった。

このような大地震をはじめ、台風、集中豪雨、豪雪、洪水などの自然災

害で甚大な被害が出ている現状がある。そこで学校では、様々な危険から児童生徒等の安全を確保するために、安全教育の一部をなす防災教育を強く推進していかなければならない。文部科学省は、防災教育のねらいはとして、次の3つをあげている。

①自然災害等の現状、原因及び減災等について理解を深め、現在及び将来に直面する災害に対して、的確な思考・判断に基づく適切な意志決定や行動選択ができるようにする。

②地震、台風の発生等に伴う危険を理解・予測し、自らの安全を確保するための行動ができるようにするとともに、日常的な備えができるようにする。

③自他の生命を尊重し、安全で安心な社会づくりの重要性を認識して、学校、家庭及び地域社会の安全活動に進んで参加・協力し、貢献できるようにする。

ここにある防災教育のねらいに即して、防災教育として必要な知識や能力などを児童生徒等に身に付けさせるためには、幼稚園、小学校、中学校、高等学校、特別支援学校等においてそれぞれの発達の段階に応じて、教育活動全体をとおして系統的な指導が必要である。

また、阪神淡路大震災や東日本大震災をはじめ大きな自然災害では、被災地の多くの学校が被害を受ける一方、地域住民の避難所として大きな役割を果たしている。このことから、学校・家庭・地域・行政が一体となった避難所運営マニュアルを作成し、防災力を高めることが重要である。

12. 不審者侵入

不審者侵入の大きな事件として大阪教育大学附属池田小学校事件がある。これは、2001年（平成13年）6月8日午前10時すぎ、大阪教育大学附属池田小学校に包丁2本を隠し持った不審者が開いていた門から侵入し、四つの教室と中庭で児童や教諭を襲い、1・2年生8名の尊い命を奪

い、13名の児童と2名の教員に重傷を負わせた事件である。心や体に大きな傷を負わされた児童・保護者・教員に対して、現在も継続した長期にわたるケアが必要とされている。

　文部科学省によれば、全国約2万の小学校のうち、2016年（平成28年）3月末時点で登下校時以外は校門を施錠したり、防犯カメラや監視センサーを設置したりするなど、不審者の侵入防止対策を取る学校は97.7%である。備えている器具はさすまた（96.8%）が最も多く、笛付きの名札（22.8%）、催涙スプレー（18.3%）、ネット（12.8%）と続く。警備員を配置する小学校は9.3%で、設置者別では国立（100%）、私立（64.7%）、公立（8.3%）となっている。

　日本の学校の安全対策は、大阪教育大学附属池田小学校事件をきっかけに、翌年の2002年（平成14年）に文部科学省によって「学校への不審者侵入時の危機管理マニュアル」が作成され、2007年（平成19年）には登下校時の犯罪被害への対応が追記された。また、2008年（平成20年）制定された学校保健安全法では、各学校に対し学校安全計画の策定（安全点検に加え安全指導・職員研修についても明示）、危険等発生時対処要領（危機管理マニュアル）の作成・訓練を義務化した。

13. 学校の危機管理マニュアル

　危機管理マニュアル（危険等発生時対処要領）は、危険等が発生した際に教職員が円滑かつ的確な対応を図るため、学校保健安全法に基づき、すべての学校において作成が義務づけられている。そこで、文部科学省は、2017年（平成29年）第2次学校安全の推進に関する計画等を踏まえ、2018年（平成30年）に新たに「学校の危機管理マニュアル作成の手引」を発表した。この手引きでは、学校における危機管理マニュアル作成・見直しの考え方・手順がわかりやすく書かれている。また、危機管理マニュアル作成にあたり考慮すべき事項を、第1段階の「予防する」

ための危機管理である「事前の危機管理」、第2段階の「命を守る」ための危機管理である「個別の危機管理」、第3段階の「復旧・復興」するための危機管理である「事後の危機管理」の3段階の項目で示し、それぞれの項目で詳しく具体的な内容が記載されている。

　学校では、児童生徒等の安全を確保するため、「学校の危機管理マニュアル作成の手引」を積極的に活用し、学校・家庭・地域が連携して実態に即した学校独自の危機管理マニュアルを作成しなければならない。また、一度作成した後も、訓練、評価、改善を繰返し、不断の見直しをすることが必要である。

引用・参考文献

独立行政法人日本スポーツ振興センター　2021　学校の管理下の災害［令和2年版］

https://www.jpnsport.go.jp/anzen/Tabid/1961/Default.aspx（2021年4月30日確認）

樋口修資　2018　教育と法Ⅳ（学校の保健安全管理）　独立行政法人教職員支援機構

https://www.nits.go.jp/materials/intramural/files/040_001.pdf（2021年4月30日確認）

神内聡　2020　学校弁護士スクールロイヤーから見た教育現場　角川新書

文部科学省　2013　学校防災のための参考資料「生きる力」を育む防災教育の展開

https://anzenkyouiku.mext.go.jp/mextshiryou/data/saigai03.pdf（2021年4月30日確認）

文部科学省　2018　学校の危機管理マニュアル作成の手引

https://anzenkyouiku.mext.go.jp/mextshiryou/data/aratanakikijisyou_all.pdf

文部科学省　2019　「生きる力」をはぐくむ学校での安全教育

https://www.mext.go.jp/component/a_menu/education/detail/__icsFiles/afield
file/2019/04/03/1289314_02.pdf（2021 年 4 月 30 日確認）

日本学校保健会　2020　学校のアレルギー疾患に対する取り組みガイドライン
《令和元年度改訂》

https://www.gakkohoken.jp/book/ebook/ebook_R010060/R010060.pdf（2021 年
4 月 30 日確認）

Chapter 8

教師に関する法規

国家の根本法は言うまでもなく日本国憲法である。従って、いかなる法令であっても日本国憲法を逸脱することは許されない。日本国憲法で教育に関する条文は、第26条にある。

第26条　すべて国民は、法律の定めるところにより、その能力に応じて、ひとしく教育を受ける権利を有する。

　　　　2　すべて国民は、法律の定めるところにより、その保護する子女に普通教育を受けさせる義務を負ふ。義務教育は、これを無償とする。

教育法規としては、最高法規である日本国憲法の下に教育基本法がある。教育基本法の下には国会の議決によって成立する法である学校教育法などをはじめ、教育に関係するたくさんの法律がある。その下には内閣が制定する命令である学校教育法施行令などをはじめ、教育に関するたくさんの政令がある。またその下には文部科学大臣が定める命令である学校教育法施行規則などをはじめ、教育に関するたくさんの省令がある。さらにその下には教育に関係する告示、訓令・通達と続く。このように、教育法規は、他の法律と同様に憲法を頂点としたピラミッド構造になっている。

それらのたくさんの教育法規は、教師の教育活動を支える重要なものである。本章では教育法規の中の、服務義務、懲戒と分限、教員免許、研修を中心に考える。

なお、これまでの章では、学校の先生を表す言葉としてできるだけ教師を使ってきたが、本章は教育法規を扱うことから、法律用語である教員という言葉を使う。

1. 公立学校・私立学校・国立学校教員の適用法の違い

公立学校の教員は、地方公務員としての身分を有することから、地方公務員法が適用される。また、公立学校の教員は、教育を通じて国民全

体に奉仕する教育公務員の身分も合わせもつことから、その職務と責任の特殊性に基づき、教育公務員の任免、給与、分限、懲戒、服務及び研修等について規定した教育公務員特例法が適用される。

　地方公務員法が一般法であるのに対して、教育公務員法は、地方公務員法の特別法に該当する。一般法と特別法では、特別法が優先されるので、地方公務員法よりも教育公務員特例法が法律の適用時に優先される。

　一方、教員は公立学校だけでなく、私立学校・国立学校に勤務する教員もいる。私立学校の教員は、設置者である学校法人の被用者であり、地方公務員法や教育公務員特例法が適用されない。国立大学の教員も、2003年（平成15年）に国立大学や国立高等専門学校が法人化されたことで、「みなし公務員（公務員に準ずる労働者）」となり、国立大学法人の被用者となる。そのため、国家公務員法や教育公務員特例法が適用されなくなった。しかし、私立学校・国立学校の教員は公務員ではないが公立学校の教員と同様に、学校教育法第1条で定められた学校の教育職員（教員）であり、教育基本法第9条第1項にある「法律に定める学校の教員は、自己の崇高な使命を深く自覚し、絶えず研究と修養に励み、その職責の遂行に努めなければならない」ことが求められている。また、同条第2項には「前項の教員については、その使命と職責の重要性にかんがみ、その身分は尊重され、待遇の適正が期せられるとともに、養成と研修の充実が図られなければならない」とあることから、公立だけでなく私立・国立の教員も、教員としての身分が保障されている。

2. 地方公務員としての公立学校教員の服務の種類

　服務とは、職務に従事するにあたって、公務員として守るべき義務や規律のことである。

(1) 　服務の根本基準

　地方公務員法第30条に「すべて職員は、全体の奉仕者として公共の利益のために勤務し、且つ、職務の遂行に当つては、全力を挙げてこれに専念しなければならない」とある。

　公立学校の教員が「全体の奉仕者」であることは、日本国憲法第15条の中にも「すべて公務員は、全体の奉仕者であつて、一部の奉仕者ではない」と規定されている。

(2) 　職務上の義務

　職務上の義務とは。職務遂行における義務及び職務遂行に際して守らなければならない義務で、3つの義務がある。

　① 　服務の宣誓

　　地方公務員法第31条に「職員は、条例の定めるところにより、服務の宣誓をしなければならない」とある。

　　服務の宣誓は、条例により、教育委員会の指示に基づき、当該自治体の住民に対して宣誓が行われる。職員の服務上の義務は、職員として採用され公務員関係に入った時点で生じる。

　② 　法令等及び上司の職務上の命令に従う義務

　　地方公務員法第32条に「職員は、その職務を遂行するに当つて、法令、条例、地方公共団体の規則及び地方公共団体の機関の定める規程に従い、且つ、上司の職務上の命令に忠実に従わなければならない」とある。

　　市町村立学校において教員の職務上の上司として、校長の上司は市町村教育委員会、教頭の上司は市町村教育委員会・校長、管理職以外の教員の上司は市町村教育委員会・校長・教頭である。

　　校長は所属教職員に対して職務命令を発することができるが、命令の発令形態は、文章による発令でも口頭による発令でもかまわない。職務命令の種類は「職務の遂行に直接関連する命令」「職務専念義務や信用失墜行為などについて、上司が職員の服務監督の必要上

発する命令」である。また、職務命令が有効に成立するための要件
は、「権限のある職務上の上司から発せられたもの」「職員の職務に
関するもの」「法律上・事実上の不能を命ずるものでないこと」であ
る。逆に言えば、他校の校長が発する命令、職務に関係しない命令、
法律を犯すような命令には従わなくてもよいことになる。

　なお、職務命令は、校長や教育委員会だけでなく、教頭も校長の
命を受け、所属職員に対して職務命令を発することができる。

③　職務に専念する義務

　地方公務員法第35条に「職員は、法律又は条例に特別の定がある
場合を除く外、その勤務時間及び職務上の注意力のすべてをその職
責遂行のために用い、当該地方公共団体がなすべき責を有する職務
にのみ従事しなければならない」とある。

　この職務専念義務は、法律や条例に基づいて職務専念義務が免除
されるとき（職専免）がある。例えば、休職、停職、教育に関する兼
職・兼業、研修、休憩、休日、年次有給休暇、産前産後休暇、育児休業、
介護休業やその他にも様々ある。ただし、職専免を受けた場合でも、
次にある身分上の義務は当然に負うことになる。

(3)　**身分上の義務**

　身分上の義務は、必ずしも職務遂行に伴うものではなく、公務員とし
ての地位と身分に伴って生ずる義務で、5つの義務ある。

①　信用失墜行為の禁止

　地方公務員法第33条に「職員は、その職の信用を傷つけ、又は職
員の職全体の不名誉となるような行為をしてはならない」とある。

　信用失墜行為の禁止は、職務外・勤務時間外の行為についても、
公務員の身分を保有している限り適用される。例えば、休日に飲酒
運転による交通事故を起こした場合も、道路交通法による罰則とは
別に、地方公務員法第33条の信用失墜行為として厳しい処分を受
けることになる。

② 秘密を守る義務

　地方公務員法第34条第1項に「職員は、職務上知り得た秘密を漏らしてはならない。その職を退いた後も、また、同様とする」とある。

　ただし、同条第2項に法令による証人、鑑定人等になる場合は、任命権者の許可を受けて、職務上の秘密に属する事項を発表することは認められている。また、虐待を受けた児童、虐待を受けたと思われる児童を発見した場合も、守秘義務があったとしても、福祉事務所もしくは児童相談所に通告する義務を負っている。

　教員は、児童生徒の成績、健康状態、家庭環境など様々な個人情報を知る立場にある。それが外に漏れることのないよう厳重に注意していかなければならない。

③ 政治的行為の制限

　地方公務員法第36条第1項に「職員は、政党その他の政治的団体の結成に関与し、若しくはこれらの団体の役員となつてはならず、又はこれらの団体の構成員となるように、若しくはならないように勧誘運動をしてはならない」とある。

　政治的行為の制限は、地方公務員法だけでなく他の法律でも規定されている。教育基本法第14条第2項には「法律に定める学校は、特定の政党を支持し、またはこれに反対するための政治教育その他政治的活動をしてはならない」とある。ここで大切なことは、「法律に定める学校」は学校教育法第1条に定める学校のことを指し、国公私立すべての学校を含むことになる。また、教育公務員特例法第18条第1項では「公立学校の教育公務員の政治的行為の制限については、当分の間、地方公務員法第三十六条の規定にかかわらず、国家公務員の例による」となっており、国家公務員法第102条に政治的行為の制限が規定されている。このことから、公立学校の教員は、地方公務員法では政治的行為の制限範囲は地方公共団体内だけであったのが、国家公務員法により全国的に政治的活動が制限される

ことになる。

④　争議行為等の禁止

　地方公務員法第37条第1項に「職員は、地方公共団体の機関が代表する使用者としての住民に対して同盟罷業、怠業その他の争議行為をし、又は地方公共団体の機関の活動能率を低下させる怠業的行為をしてはならない。又、何人も、このような違法な行為を企て、又はその遂行を共謀し、そそのかし、若しくはあおつてはならない」とある。

　日本国憲法第28条には、団結権・団体交渉権・争議権の労働三権が認められているが、地方公務員の場合は、地方公共団体の住民に奉仕する立場から、同盟罷業（ストライキ）や怠業（サボタージュ）等の争議行為が禁止されている。

⑤　営利企業への従事等の制限

　地方公務員法第38条第1項に「職員は、任命権者の許可を受けなければ、商業、工業又は金融業その他営利を目的とする私企業を営むことを目的とする会社その他の団体の役員その他人事委員会規則（人事委員会を置かない地方公共団体においては、地方公共団体の規則）で定める地位を兼ね、若しくは自ら営利企業を営み、又は報酬を得ていかなる事業若しくは事務にも従事してはならない。ただし、非常勤職員については、この限りでない（一部略）」とある。

　地方公務員の場合、兼職・兼業が制限されている。一方、公立学校の教員の場合は、教育公務員特例法第17条第1項により「教育に関する他の職を兼ねる（学校教育、社会教育、学術文化に関する他の職員の職を兼ねる）こと」「教育に関する他の事業に従事する（私立学校を経営する学校法人等の私企業の役員になる）こと」「教育に関する他の事務に従事する（公立学校の教員が国立又は私立学校の教員の職を兼ねる）こと」が、本務の遂行に支障がないと任命権者が認める場合には、給与を受け、又は受けないでその職を兼ね、又

はその事業・事務に従事することができる。

3. 地方公務員としての分限と懲戒

(1) 分限処分

　地方公務員は、法律や条例で定められる事由による場合でなければ、身分を失ったり不利益処分を受けたりすることはなく、身分保障がされている。一方、地方公務員法第28条では、意に反して身分上の変動をもたらす処分がなされる旨を規定している。

　分限処分とは、職員の身分保障を前提としつつ、公務の能率の維持向上を目的として、職員の意に反する不利益な身分上の変動をもたらす処分である。

　分限処分には、免職、降任、休職、降給の4つがあり、処分の内容は次のとおりでる。

・免職：職員としての身分を失わせる処分
・降任：現に就いている職より下位の職に任命する処分
・休職：公務員として身分を留保したまま、一定期間職務に従事させ
　　　　ない処分
・降給：給料を現在より低い額に決定する処分

　勤務実績不良、心身の故障、職に必要な適格性を欠く場合、廃職又は過員の場合には、免職、降任することができる。

　心身の故障のため長期の休養を要する場合、刑事事件に関し起訴された場合には、休職することができる。

　降給は条例で定められている。

(2) 懲戒処分

　懲戒については、地方公務員法第29条に規定されている。

　懲戒処分とは、法令違反行為、職務義務違反行為・職務怠慢、全体の奉仕者としてそぐわない非行等、公務員関係において一定の義務違反が

あった場合に、その道義的責任を追及し、公務員関係の規律と秩序の維持を目的として、任命権者が科す処分である。

　懲戒処分の種類は、免職、停職、減給、戒告の４つがあり、処分の内容は次のとおりでる。

・免職：職員としての身分を失わせる処分
・停職：職員を一定期間職務に従事させない処分
・減給：職員の給与の一定割合を一定期間減額して支給する処分
・戒告：職員の規律違反の責任を確認し、その将来を戒める処分

４．教員免許制度

⑴　相当免許状主義

　教育職員は、教育職員免許法により授与される各相当の免許状を有する者でなければならず、いわゆる「相当免許状主義」が採られている。具体的には次のことを指す。

・幼稚園、小学校、中学校、高等学校の教員は、原則として、学校の種類ごとの教員免許状が必要である。ただし、中学校・高等学校の教員は学校の種類及び教科ごとの教員免許状がいる。
・義務教育学校の教員は、小学校の免許状と中学校の教員免許状（教科ごと）が必要である。
・中等教育学校の教員は、中学校と高等学校の両方の教員免許状（教科ごと）が必要である。
・特別支援学校の教員は、特別支援学校と特別支援学校の各部（幼稚部・小学部・中学部・高等部）に相当する学校種の両方の教員免許状が必要である。
・児童の養護をつかさどる教員は、養護教諭（養護助教諭）の教員免許状が必要である。
・児童の栄養の指導及び管理をつかさどる教員は、栄養教諭の教員免

許状が必要である。

(2) **教員免許状の種類**

教員免許状は3種類あり、申請により、都道府県教育委員会から授与される。

① 普通免許状

普通免許状は、所要の基礎資格を有し、さらに大学等で教科、教職等に関する専門科目について所定の単位を修得するか、都道府県教育委員会が行う教育職員検定に合格することで免許状授与される。また、幼稚園教諭、小学校教諭、特別支援学校自立活動教諭と現時点では限定されているが、文部科学省が開催している教員資格認定試験に合格して免許状を取得することもできる。

普通免許状は、教諭、養護教諭、栄養教諭の免許状で、専修免許状（修士課程修了程度）、一種免許状（大学卒業程度）、二種免許状（短期大学卒業程度）に区分される。（高等学校は専修、一種のみ）

有効期間は10年で、有効地域範囲は、全国の学校である。

教員免許状を更新する場合、有効期間満了日の2年2か月前から2か月前までの2年間に、大学などが開設する教員免許状更新講習を受講・修了した後、免許管理者（都道府県教育委員会）に申請する必要がある。なお、申請をしなかった場合は、教員免許状は失効する。2018年度（平成28年度）に更新期限を迎えた全国の教員約9万人のうち、失効者は0.3％に及ぶ。この教員免許更新制は、2007年（平成19年）6月改正教育職員免許法の成立により、2009年（平成21年）4月1日から導入された。（2021年7月現在　教員免許更新制の在り方を見直している）

また、既に教員免許状を有する場合は、一定の教員経験を評価し、通常より少ない単位数の修得により、上位区分、隣接学校種、同校種他教科の免許状の授与を受けることができる。

上位区分は、二種免許状を基にして上位である一種免許状を取得

したり、一種免許状を基にして上位である専修免許状を取得したり
することができるというものである。

　隣接学校種は、隣接する学校種の普通免許状を取得することがで
きるというものである。例えば、中学校教諭の普通免許状をもって
いる者が、隣接する学校種である高校や小学校教諭の普通免許状を
取得できる。ただし、高等学校教諭普通免許状を持っている者は、
隣接する中学校の普通免許状は取得できるが、小学校の普通免許状
は取得できない。

　同校種他教科は、中学校及び高等学校の免許状を持っている者
が、同校種の別教科の普通免許状を取得することができるというう
のである。例えば、中学校の国語の普通免許状をもっている者が、
社会の普通免許状を取得できる。

② 　特別免許状

　特別免許状は教諭の免許状で、社会的経験を有する者に教育職員
検定を経て授与される。授与を受けるには、任命、雇用しようとす
る者の推薦が必要であり、教科に関する専門的な知識・経験又は技
能を有し、社会的信望があり、教員の職務を行うのに必要な熱意と
識見を有することが求められる。幼稚園教諭の特別免許状はなく、
小学校教諭の特別免許状は教科ごとに授与されるが、特別活動など
教科外活動を担任することもできる。

　有効期間は10年、有効地域範囲は授与を受けた都道府県内の学
校となっている。

③ 　臨時免許状

　臨時免許状は、助教諭、養護助教諭の免許状で、普通免許状を
有する者を採用できない場合に限り、教育職員検定を経て授与さ
れる。

　有効期間は3年、有効地域範囲は授与を受けた都道府県内の学校
となっている。（当分の間、相当期間にわたり普通免許状を有する

者を採用することができない場合に限り、都道府県が教育委員会規則を定めることにより、有効期間を6年とすることができる。)

(3) 免許状主義の例外

① 特別非常勤講師制度

特別非常勤講師制度とは、多様な専門的知識・経験を有する人を教科の学習に迎え入れることにより、学校教育の多様化への対応や活性化を図ることを目的とした制度である。教員免許状を有しない非常勤講師が、小学校、中学校、高等学校、義務教育学校、中等教育学校、特別支援学校の教科の領域の一部等を担任することができる。非常勤講師を任命・雇用する者は、あらかじめ都道府県教育委員会に届け出なければならない。

② 免許外教科担任制度

免許外教科担任制度とは、中学校、義務教育学校の後期課程、高等学校又は中等教育学校(特別支援学校の中学部、高等部を含む)で、ある教科の教授を担任する教員を採用できないときに、校内でその教科についての免許状を持たない校長、主幹教諭、指導教諭、教諭が、1年以内の期間に限り、免許外の教科の担任をすることができる制度である。ただし、校長及び教諭等が、都道府県教育委員会に申請し、許可を得ることが必要である。

5. 教員の研修に関する法制

(1) 教員の研修

教員の研修は、前述の教育基本法第9条第1項で法律に定める国公私立の学校の教員は研修に励むように規定されている。また、公立学校の教員は、教育公務員特例法第21条第1項「教育公務員は、その職責を遂行するために、絶えず研究と修養に努めなければならない」、同法第22条第1項「教育公務員には、研修を受ける機会が与えられなければなら

ない」と規定されている。このことから、一般の地方公務員の研修は「勤務能率の発揮及び増進を研修目的として研修機会が与えられる（地方公務員法39条）」のに対して、教育公務員の研修は、義務であるだけでなく、職責遂行に関わる権利として位置づけられている。

⑵　教育公務員の研修の分類

　教員の研修には、職務としての研修と自主研修がある。

　図 8-1 は、職務としての研修をまとめたものである。職務としての研修には、初任者研修、中堅教諭等資質向上研修、指導改善研修のように法律で実施することが定められた法定研修がある。また、職務としての研修には、法定研修以外でも、都道府県教育委員会、市町村教育委員会、校内で設けられた研修や独立行政法人教職員支援機構で実施する国レベルでの研修がある。

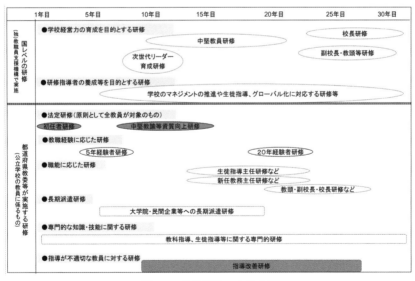

図8-1　教員研修の実施体系

出典：文部科学省ホームページ（2019）教員研修の実施体系
https://www.mext.go.jp/a_menu/shotou/kenshu/__icsFiles/afieldfile/2019/10/29/1244827_001.pdf（2021 年 4 月 30 日確認）

自主研修には、職務専念義務を免除され、授業に支障のない限り勤務時間内に勤務場所を離れて自主的に行うことができる研修（職専免研修）がある。この場合、本属長の承認を受けなければならない。また、自主研修には、勤務時間外に自由に行う研修もある。

⑶　初任者研修

　初任者研修は、教育公務員特例法第 23 条により、新規に採用された公立学校の教員に対して、採用の日から 1 年間、実践指導力と使命感を養うとともに、幅広い知見を得させるため、学級や教科・科目を担当しながら実践的研修（初任者研修）を行う研修である。初任者研修は、校内研修（週 10 時間以上、年間 300 時間以上）と校外研修（年間 25 日以上）がある。

　校内研修は、教員に必要な素養等に関する指導、初任者の授業を観察しての指導、授業を初任者に見せての指導などがある。

　校外研修は勤務校を離れて、教育センター等での講義・演習、企業・福祉施設等での体験、社会奉仕体験や自然体験に関わる研修、青少年教育施設等での宿泊研修などがある。

⑷　中堅教諭等資質向上研修

　2003 年（平成 15 年）から 10 年経験者研修が導入されてきたが、教員免許更新講習と同時期に実施されてきたことや教員の年齢構成や経験年数の不均衡によるミドルリーダーの不足という現代的な課題があることから、実施時期の弾力化を図り、ミドルリーダーの育成を目指した中堅教諭等資質向上研修が 2017 年度（平成 29 年度）から実施されるようになった。

　教育公務員特例法第 24 条第 1 項では「公立の小学校等の教諭等の任命権者は、当該教諭等に対して、個々の能力、適性等に応じて、公立の小学校等における教育に関し相当の経験を有し、その教育活動その他の学校運営の円滑かつ効果的な実施において中核的な役割を果たすことが期待される中堅教諭等としての職務を遂行する上で必要とされる資質の向

上を図るために必要な事項に関する研修（以下「中堅教諭等資質向上研修」という。）を実施しなければならない（一部略）」とあり、中堅教諭等資質向上研修の実施が義務づけられた。また、教育公務員特例法第24条第2項では、任命権者が教員の能力、適性等について評価し、その結果に基づいて個別の研修計画の作成も義務づけられた。

(5)　指導改善研修

　教育公務員特例法第25条第1項では「公立の小学校等の教諭等の任命権者は、児童、生徒又は幼児に対する指導が不適切であると認定した教諭等に対して、その能力、適性等に応じて、当該指導の改善を図るために必要な事項に関する研修（以下「指導改善研修」という。）を実施しなければならない（一部略）」とある。

　文部科学省（2008）「指導が不適切な教員に対する人事管理システムのガイドライン」では、「『指導が不適切である』教諭等とは、知識、技術、指導方法その他教員として求められる資質、能力に課題があるため、日常的に児童等への指導を行わせることが適当ではない教諭等のうち、研修によって指導の改善が見込まれる者であって、直ちに後述する分限処分等の対象とはならない者をいう」と定義している。また、ガイドラインでは、「指導が不適切である」に該当する具体的な例として「教科に関する専門的知識、技術等が不足しているため、学習指導を適切に行うことができない場合（教える内容に誤りが多い、児童等の質問に正確に答え得ることができない等）」「指導方法が不適切であるため、学習指導を適切に行うことができない場合（ほとんど授業内容を板書するだけで、児童等の質問を受け付けない等）」「児童等の心を理解する能力や意欲に欠け、学級経営や生徒指導を適切に行うことができない場合（児童等の意見を全く聞かず、対話もしないなど、児童等とのコミュニケーションをとろうとしない等）」を挙げている。そして、各教育委員会は、これらを参考にしつつ、教育委員会規則で定める手続に従い、個々のケースに則して適切に判断することとなっている。

研修期間は原則 1 年以内で、延長の場合でも 2 年を超えない範囲までである。指導改善研修は、研修を受ける者の能力、適性等に応じて、その者ごとに計画書を作成して実施される。指導改善研修終了時の認定で、改善が不十分で児童等に対する指導を適切に行うことができないと認める場合は、分限免職処分や県費負担教職員の免職及び都道府県の職への採用等の措置が取られることとなる。

引用文献・参考文献

赤木恒雄　2019　教員の採用と研修　赤星晋作編著　新教職概論　改訂新版　学文社　109-124

文部科学省　2008　指導が不適切な教員に対する人事管理システムのガイドライン

https://www.mext.go.jp/a_menu/shotou/jinji/08022711.htm（2021 年 4 月 30 日確認）

文部科学省　2019　教員免許制度の概要

https://www.mext.go.jp/a_menu/shotou/kyoin/__icsFiles/afieldfile/2019/09/09/1339300_1.pdf

（2021 年 4 月 30 日確認）

笹田茂樹　2020　教職員に関する法律①：地方公務員としての教員　で学ぶ教育制度　古田薫　山下晃一編著　法規で学ぶ教育制度　ミネルヴァ書房　56-67

高橋みづき　2020　教職員に関する法律②：教員としての資質向上　古田薫　山下晃一編著　法規で学ぶ教育制度　ミネルヴァ書房　68-81

成瀬雅巳（なるせ まさみ）プロフィール

○最終学歴

　兵庫教育大学大学院（学校教育研究科　学校教育学専攻　学校心理学
コース）修了

○職歴

　大阪体育大学体育学部スポーツ教育学科　講師（2020 年 4 月〜）

　兵庫県宝塚市立末成小学校　校長（2018 年 4 月〜 2 年間）

　兵庫県宝塚市立光ガ丘中学校　教頭（2016 年 4 月〜 2 年間）

　兵庫教育大学附属中学校　主幹教諭（2012 年 4 月〜 4 年間）

○免許・資格

　中学校教諭専修免許状　国語・社会

　高等学校教諭専修免許状　国語・地理歴史・公民

　養護学校教諭二種免許状

　学校心理士

　上級教育カウンセラー

　ガイダンスカウンセラー

○所属学会

　日本教育心理学会

　日本教育カウンセラー協会

　日本学校心理士会

　日本スクールカウンセリング推進協議会

　日本国語教育学会

　日本教育行政学会

　日本教師教育学会

○主な著書・業績等

　・『教職を志す学生のためのテキスト　教育行政』（学術研究出版
　　2021 年）

- 『総合的な学習の時間・総合的な探究の時間と特別活動の方法』（東洋館出版社　2020年）

　　第3章　探究的な学習に主体的・創造的・協働的に取り組む総合的な学習の時間

　　第5章　地域とともに考える『安心・安全、みんなに優しいまちづくり』

- 『三角ロジックを使って論理的に話し合おう』国語教育（明治図書2016年12月号）
- 『論理的にスピーチしよう』実践国語研究（明治図書　2016年1月号）
- 『中学3年：授業をイメージした新教科書研究のツボ』国語教育（明治図書　2015年5月号）
- 『討論になる題材の条件とは？』国語教育（明治図書　2015年）
- 『中学3年＝つけたい力と言語活動を結ぶ単元構成』国語教育（明治図書　2015年1月号）
- 『討論で効果があがる話型指導とは』社会科教育（明治図書　2014年12月号）
- 『論理的思考力・表現力を育成するための効果的な指導方法』月刊国語教育研究（日本国語教育学会　2014年11月号）
- 『思考力・判断力・表現力を育成するために言語活動を取り入れた効果的な指導方法の研究』（共著　兵庫教育大学　『理論と実践の融合』に関する共同研究活動　研究成果報告書　2014年）
- 『水平的相互作用が中学生の作文の質や情意面に及ぼす影響』（日本教育心理学会　第50回総会発表論文集　教授・学習、ポスター発表　2008年）

未来を創る教師に贈る　育て、育つための教師論

2021年7月31日　初版発行

著　者　成瀬雅巳

発行所　学術研究出版
　　　　〒670-0933　兵庫県姫路市平野町62
　　　　［販売］Tel.079(280)2727　Fax.079(244)1482
　　　　［制作］Tel.079(222)5372
　　　　https://arpub.jp

印刷所　小野高速印刷株式会社
©Masami Naruse 2021, Printed in Japan
ISBN978-4-910415-71-0